Detlef Horster | Was soll ich tun?

Welche Konsequenzen hat der Bedeutungsverlust des christlich geprägten Moralbegriffs? Wie steht es um den vielfach beklagten Werteverfall? Lassen sich in der modernen Gesellschaft noch moralische Regeln mit universaler Geltung finden? Kann man für eine pluralistische, individualisierte Gesellschaft eine Moral formulieren, die für alle verbindlich und gültig ist? Auf diese aktuellen Fragen versucht der Sozialphilosoph Detlef Horster am Beispiel von alltäglichen Situationen eine Antwort zu geben. Er entwirft so eine Theorie, die nah am Alltag mit seinen moralischen Fragen, Problemen und Entscheidungszwängen angesiedelt ist.

Detlef Horster, geboren 1942, Professor für Sozialphilosophie an der Universität Hannover, veröffentlichte zuletzt: *Rechtsphilosophie zur Einführung*, Hamburg 2002.

Detlef Horster

Was soll ich tun?

Moral im 21. Jahrhundert

RECLAM
LEIPZIG

Besuchen Sie uns im Internet:
www.reclam.de

Reclam Bibliothek Leipzig, Band 20111
2. Auflage, 2005
Reihengestaltung: Gabriele Burde | Kurt Blank-Markard
Umschlaggestaltung: Simin Bazargani
Fotografie des Autors auf der 4. Umschlagseite: privat
Gesetzt aus ITC Slimbach
Satz: Reclam Verlag Leipzig
Druck und Bindung: Reclam, Ditzingen
Printed in Germany
ISBN 3-379-20111-1

Inhalt

Die Geschichte der »Postchristlichen Moral«

In diesem Buch werde ich eine Neufassung meiner Moralkonzeption vorstellen, die ich vor fünf Jahren in der *Postchristlichen Moral* niedergelegt hatte. Bei dieser Neufassung beschränke ich mich auf den zweiten Teil. Ich werde nicht mehr auf die Rezeption der unterschiedlichen Moralauffassungen nach dem Zweiten Weltkrieg eingehen, die den umfangreicheren ersten Teil meines Buches bilden. Daran waren nach meiner Ansicht keine Änderungen nötig. Warum bedurfte es einer Überarbeitung des zweiten Teils? Mein Buch hat unendlich viele Diskussionen ausgelöst. Dabei wurden immer wieder konkrete moralische Entscheidungen erörtert, die der Prüfstein für jede Moral-Theorie sind. Es zeigte sich, dass mein ursprüngliches Konzept nicht haltbar war. Dies werde ich im gleich folgenden methodischen Teil genauer darstellen. Hier geht es mir zunächst darum, denjenigen zu danken, die mir für die Neukonzeption wichtig waren.

In der Zeit meiner Gastprofessur an der Universität Zürich ist vor allem die Auseinandersetzung mit Peter Schaber hervorzuheben. Er vertritt die Position des moralischen Realismus, der davon ausgeht, dass es nicht nur objektive, sondern auch universelle Werte gibt. Für mich als Sozialphilosophen sind Formen des moralischen Realismus defizitär, sofern deren Vertreter dem sozialen Ursprung moralischer Werte nicht nachgehen. Dieser Mangel wird im vorliegenden Buch behoben. Ich werde einen moralischen Realismus vorstellen, der die Werte durch den moralischen *common sense* abstützt und gleichzeitig den Ursprung dieser Werte aufzeigt. Folgt man der Einteilung, die Herlinde Pauer-Studer vornimmt (vgl. Pauer-Studer 2003, 168), dann entspricht meine Position der des naturalistischen Realismus. Die moralischen Regeln sind nach meiner Ansicht den »objektiven Interessen einer Gemeinschaft förderlich«, wobei der *common sense* sich empirisch validieren lässt. (Pauer-Studer 2003, 172) Das kann neben empirischen Forschungen durch den Zugriff auf konkrete Fälle geschehen, so wie ich es im anschließenden Methodenteil zeigen werde.

Ein gemeinsames Seminar mit Tatjana Tarkian hat zu einer Vielzahl von weiteren Präzisierungen beigetragen, wofür ich ihr sehr dankbar bin. Dann nenne ich noch die über lange Jahre geführten Diskussionen mit Elfi Billmann-Mahecha und Tom Ziehe in gemeinsamen Seminaren und anderswo. Das wissenschaftliche Ethos beider lautet, unnachgiebig Schwachstellen einer Theorie aufzuspüren und zu ihrer Beseitigung beizutragen. Schon bevor mein Buch publiziert wurde, hatte Günther Mensching meinen Bezug auf ein monistisches Prinzip in moralischen Entscheidungssituationen als zu umständlich kritisiert. Er hat Recht behalten. Darauf werde ich im Methodenteil noch eingehen. Mein Kollege Alexander Kochinka hat mich in geistiger Bewegung gehalten und für Unruhe im Denken gesorgt. Nicht zuletzt danke ich Gertrud Nunner-Winkler und Georg Lind, die mich mit ihren Gegenargumenten dazu gebracht haben, die Argumente für meine Position des externalistischen Kognitivismus schärfer herauszuarbeiten. Nina Ellers, Johanna Land und Nina Sundmacher ist für die überaus sorgfältige Endkontrolle des Manuskripts zu danken.

Vieles, was Kritiker vorbrachten, war plausibel und führte schon bald nach Erscheinen des Buches *Postchristliche Moral* dazu, dass ich meine Auffassung modifizieren musste. Allerdings lasen manche Rezensenten Gegensätzliches aus meinem Buch heraus: Die einen bedauerten, dass ich die christliche Religion aus unserem Leben entfernen wolle, so der Rezensent des *Zürcher Tagesspiegels* und der der *Frankfurter Rundschau*. Andere wiederum bezweifelten, dass man der christlichen Religion heute – nach der Aufklärung – noch so viel Gewicht beimessen könne, so die Rezensenten im *Philosophischen Literaturanzeiger* und im *Norddeutschen Rundfunk*.

Um es noch einmal deutlich zu sagen: Mir kam und kommt es weder auf das eine noch auf das andere an, vielmehr will ich zeigen, dass und wie die Aufklärung und damit unsere heutige Moral Erbin der christlichen Moral geworden ist. Mein Anliegen ist Aufklärung über die Aufklärung, bezogen auf die Moral.

Obwohl ich hier eine Neufassung vorlege, konnte ich z. T. Kapitel, die allerdings stark überarbeitet worden sind, aus der ursprünglichen Ausgabe übernehmen. Das bezieht sich besonders auf die Kapitel, in denen der christliche Ursprung unserer heutigen Moral nachgewiesen wird. Darum werden die Leser des Vorläufer-Buches sich an vieles erinnern. Das Kapitel »Objektive und universelle moralische Regeln« ist in stark gekürzter Fassung bereits als Zeitschriftenaufsatz erschienen. (Vgl. Horster 2004) Der Titel des Buches folgt einem Zitat von Kant, das sich in seinem Werk an verschiedenen Stellen findet. Die prominentesten sind wohl die in der *Kritik der reinen Vernunft* (B 833) und die in der *Logik* (A 26 = AA IX 25). Immer heißt es, dass es die Moralphilosophie sei, die als Teil der praktischen Philosophie die Frage, was ich tun soll, zu beantworten habe. Genau dieser Frage werde ich mich stellen. Dabei kommt es mir vor allem darauf an, eine Theorie vorzustellen, die möglichst nah am Alltag mit seinen moralischen Fragen, Problemen und Entscheidungen angesiedelt ist, um dem entgegenzuwirken, was Niklas Luhmann zu Recht beklagte, dass nämlich die philosophische Ethik »den Bezug zur gesellschaftlichen Realität verloren« habe. (Luhmann/Spaemann 1990, 36) Es sei an der Zeit, eine Moral-Theorie vorzulegen, die sich »letztlich empirisch bewähren« kann. (Luhmann/Pfürtner 1978, 27) William D. Ross, dessen Theorie ein Stützpfeiler meines Konzepts ist, war ebenfalls der Auffassung, dass weltfremde Überlegungen in der praktischen Philosophie nichts zu suchen hätten, und das aus einem ganz simplen und einleuchtenden Grund: »There are many plain men who already know as well as any moral philosopher could tell them, how they ought to behave.« (Ross 2000, 311)

Ich will in dem nun folgenden Kapitel zunächst im Einzelnen zeigen, warum und wie ich meine Moralkonzeption geändert habe, und dann im weiteren Verlauf Kants Frage beantworten.

Eine Theorie der Moral muss nahe am Alltag mit seinen moralischen Fragen angesiedelt sein

Jürgen Habermas bezweifelte zu Beginn seiner Theorieentwicklung, dass wir allein von der rechnenden, instrumentellen Vernunft beherrscht werden. Damit stand er in Opposition zu Max Weber, Heidegger und Adorno. Habermas orientiert sich an der kantischen Philosophie und deren Kernthese, dass die Vernunft eine Einheit aus den drei verschiedenen Vernunftmomenten bilde, d. h. aus dem theoretischen, praktischen und expressiv-ästhetischen. Wie konnte er diese Hypothese rechtfertigen? Mit Wilhelm von Humboldt vertrat Habermas die Auffassung, dass wir niemals anders als in sprachlichen Begriffen denken könnten. Infolgedessen sei die Sprache eine notwendige Voraussetzung für das Denken. Habermas folgerte weiter, dass die Vernunft in der Sprache enthalten sei. Deshalb studierte er in den siebziger Jahren die linguistische Literatur und entdeckte in fast allen Schriften verschiedene Klassen von Sprechakten, die den theoretischen, praktischen und expressiven Vernunftmomenten zuzuordnen sind. Damit wurde seine Hypothese von der Einheit der Vernunft, die nach seiner Ansicht in der Sprache enthalten sein musste, bestätigt. Gesellschaft ist nach Habermas ein Netzwerk kommunikativer Handlungen. Alles das, was Gesellschaft ist, sei in der Sprache konserviert. Habermas folgerte, dass die gegenwärtige Gesellschaft nicht allein dem theoretisch-instrumentellen Vernunftmoment unterworfen ist, sondern dass in ihr zugleich das hoffnunggebende Potenzial der praktischen und expressiven Vernunft wirkt. Dieses Verfahren nennen wir rekonstruierendes Verfahren: Habermas rekonstruierte seine Hypothese, indem er die linguistische Literatur durchforschte.

Dieses rekonstruierende Verfahren hatte ich mir zu Eigen gemacht. In der ersten Ausgabe meiner *Postchristlichen Moral* habe ich zunächst einen Großteil der Literatur zur Moralphilosophie durchforscht und dabei sondiert, welche Probleme dort vorrangig behandelt werden. Ich fand heraus, dass es immer um das Problem der Individualisierung geht und darum, welche Moral trotz des Autonomieanspruchs der Einzelnen für alle Menschen gleichermaßen gelten kann und muss. Es geht immer um die Spannung von Individuum und Gemeinschaft. Ich wies immanent die Defizite der konzeptionellen Deutungen in den Schriften der Moralphilosophen auf. Auf dieser Basis habe ich ein nicht defizitäres moraltheoretisches Konzept entwickeln wollen.

Anlässlich der Diskussion meiner Auffassung wurden immer wieder Beispielfälle angeführt, an denen ich mein Konzept erproben sollte. Bei der Erörterung dieser Fälle ist es stets so gewesen, dass niemals ein monistisches Prinzip, das auch meiner Auffassung zugrunde lag, explizit eine Rolle spielte. Monistische Prinzipien sind beispielsweise der kantische kategorische Imperativ, der rawlssche Gerechtigkeitsgrundsatz, das habermassche Diskursprinzip, das utilitaristische Prinzip des größtmöglichen Glücks der größten Anzahl oder mein Prinzip der wechselseitigen Anerkennung. Auf ein solches Prinzip wurde bei der Lösung all dieser empirischen Fälle nie Bezug genommen. Es konnte für jede moralische Regel, die zur Debatte stand, festgestellt werden, dass ihr das Prinzip der wechselseitigen Anerkennung inhärent ist. In ähnlicher Weise war das schon in den Fällen sichtbar, die ich 1999 anführte. Nehmen wir den Fall des Erlanger Babys, der seinerzeit für mich zentral war. Bei einer achtzehn Jahre alten, klinisch toten, schwangeren Frau wurden ab dem 15. Oktober 1992 mittels Intensivmedizin künstlich die Vitalfunktionen erhalten, die es ermöglichten, dass der vierzehn Wochen alte Fötus am Leben blieb. Die Frage war, ob der Wert des Schutzes von werdendem Leben oder die Würde der Frau vorrangig sei. Bei der Beantwortung der Frage half es für die Entscheidung wenig, festzustellen, dass beide Werte mit dem monistischen Prinzip der wechselseitigen Anerkennung vereinbar sind. Es war so, dass die Prüfung in der Regel so ausging, dass beide Werte mit dem grundlegenden Prinzip der wechselseitigen Anerkennung übereinstimmten. Das hat das Problem nur dupliziert, nicht mehr.

Weil in den allermeisten Fällen moralischer Entscheidungen der Bezug auf dieses Prinzip nicht weiter half, musste ich mein Konzept der ersten Ausgabe meiner *Postchristlichen Moral* ändern. Denn was besagt es, wenn ich feststelle, dass beide moralischen Regeln, die im konkreten Fall in Konkurrenz stehen, beispielsweise mit dem kategorischen Imperativ vereinbar sind? Diese Einsicht hilft in der Entscheidungssituation überhaupt nicht. Der Grund dafür ist darin zu sehen, dass das Prinzip der wechselseitigen Anerkennung allen moralischen Regeln innewohnt, sonst wären sie keine moralischen Regeln. Es ist der Sinn einer jeden moralischen Regel, das Gegenüber als gleichwertig anzuerkennen. Sehr präzise formuliert Herlinde Pauer-Studer den Inhalt der wechselseitigen Anerkennung: »Das Herzstück einer Moral der universellen Achtung und Anerkennung bildet die Idee der fairen Berücksichtigung der Bedürfnisse, Interessen, partikularen Situierungen, aber auch Verletzlichkeiten aller im Sinn ihrer Anerkennung als Gleiche.« (Pauer-Studer 1996, 264) Weil diese Idee allen moralischen Regeln inhärent ist, kann man sich die Prüfung, ob eine moralische Regel mit der wechselseitigen Anerkennung vereinbar ist, in Situationen moralischer Entscheidung sparen. Die Konfliktlinie, auf die man sich im konkreten Fall zu konzentrieren hat, verläuft anders. Darauf komme ich im Abschnitt »Kognitivismus« zurück. Ich werde das Gesagte dort am »Zürich-Kongo-Fall« demonstrieren.

Diesmal habe ich mich unmittelbar den konkreten Fällen zugewandt, weil es mir darauf ankommt, dass meine Überlegungen sich möglichst nah an den moralischen Alltagskonflikten orientieren und diese Konflikte zu strukturieren helfen, so dass sie systematisch einer Lösung zugeführt werden können. Moralphilosophen können und sollen keine Antwort darauf geben, wie sich jemand in einer konkreten Situation zu verhalten hat, doch könnten sie dazu beitragen, den moralischen Konflikt zu klären. In der realen Situation ist es nie einfach, zu entscheiden. »Niemals sollte man Klarheit mit Einfachheit verwechseln - und in der Moral erst recht nicht.« (Neiman 2004, 18) Moralphilosophen können moralische Entscheidungssituationen zwar strukturieren, folglich Klarheit hineinbringen. Das erleichtert die Beurteilung, worum es geht, doch einfach wird die Entscheidung für die Betroffenen deswegen selbst dann nicht. Was in fast allen konkreten moralischen Entscheidungen festgestellt werden konnte, ist, dass eine kategorische moralische Regel befolgt und mit derselben Handlung eine andere verletzt wird. Dies zeigt sich exemplarisch an folgendem Fall: Wir hatten Gäste und servierten Pinotage aus Südafrika. Eine Freundin sagte, es sei nicht zu verantworten, Wein aus Südafrika zu importieren; das belaste durch den langen Transportweg unsere Umwelt in vielfacher Hinsicht. Da ist zunächst einmal der Verbrauch von Rohstoffen, wie Benzin oder Kohle, und der enorme Ausstoß von CO_2. Wir hätten in Europa genug gute Weine zur Auswahl. Ich antwortete, dass dies die eine Seite sei. Die andere sei aber, dass man mit dem Kauf von südafrikanischem Wein die Wirtschaft einer jungen, aufstrebenden Demokratie unterstütze. Was soll man tun?

Meine empirische Basis sind reale Beispiele, die ich entweder selbst erlebt habe, wie das eben genannte und der »Zürich-Kongo-Fall«, der in diesem Buch zentral ist, oder andere Darlegungen, die im Seminar erörtert wurden, wie folgende, die von einer Lehrerin erzählt wurde: Tobias ist Mitglied der Fußballmannschaft seiner Schule. Er ist der beste Torwart in der Stadt, und es war deshalb klar, dass er beim Vergleichswettbewerb aller Schulen in der Stadt für seine Schule das Tor hüten würde. Am Morgen des Tages, an dem der Wettbewerb stattfinden sollte, wird die Mutter von Tobias krank. Sie sagt zu Tobias, er solle nach dem Unterricht gleich nach Hause kommen.

Sie brauche ihn am Nachmittag zur Krankenpflege und zur Hilfe in dem großen Haushalt. Tobias, der 12 Jahre alt ist, hat noch drei jüngere Brüder im Alter von 6, 4 und 2 Jahren. Was soll Tobias tun?
Ich habe weiterhin Schulbeispiele aus der Fachliteratur ausgewählt, wie dieses: »Philip Cortez, ein Ingenieur, wird von seinem gegenwärtigen Arbeitgeber gebeten, zu einem wichtigen Projekt in einer Art und Weise beizutragen, die verlangen würde, daß er ein Versprechen gegenüber seinem vorherigen Arbeitgeber brechen müßte. Er hatte zugestimmt, ›für eine Zeit von zwei Jahren keinerlei vertrauliche Informationen an direkte oder indirekte Wettbewerber weiterzugeben‹. Sein derzeitiger Chef machte deutlich, daß Cortez' Karriere gefährdet wäre, wenn er sich nicht kooperationswillig verhielte.« (Lenk/Maring 1992, 114) Was soll Cortez tun?
Außerdem stelle ich Fälle vor, die man täglich in Tageszeitungen lesen kann, wie den folgenden: »Seitdem Mwai Kibaki am 27. Dezember 2002 die Präsidentschaftswahl gewann, seitdem der autoritäre Herrscher Daniel arap Moi nach 24 Jahren seine Macht abgab, hat sich schon einiges in diesem ostafrikanischen Land verändert. [...] Der Kampf gegen die Korruption ist Kibakis oberstes Ziel. [...] Der neue Erziehungsminister George Saitoti war lange der Vizepräsident und auch Finanzminister Mois, bevor er vor ein paar Monaten zur Opposition überlief. 1991 hatte er der Firma Goldenberg für den Export von Gold und Diamanten staatliche Zahlungen von 100 Millionen Dollar garantiert. Dabei gibt es kaum Gold und keine Diamanten in Kenia. Das Geld floss in die Firma und verschwand. Zwar will Kibaki diesen Fall klären lassen, aber das wird – wenn überhaupt – nur halbherzig geschehen: Saitoti hat dem neuen Staatschef einen großen Teil des Wahlkampfs finanziert.« (Bitala 2003) Was hätte Kibaki tun sollen? Hätte er die Wahlhilfe Saitotis ablehnen sollen? Oder hätte er nach erfolgreicher Wahl das Versprechen nicht einlösen sollen, Saitoti zum Erziehungsminister zu machen?
Weiterhin greife ich die so genannten »Gewissensfragen« aus

dem Magazin der *Süddeutschen Zeitung* auf, in dem es jeden Freitag Leserzuschriften von Menschen gibt, die sich mit moralischen Fragen auseinander setzen, wie im folgenden Fall: »Unsere Tochter hat zu ihrer Geburt von meinem Großvater ein nicht ganz kleines Geldgeschenk bekommen, welches er auf ihren Namen fest angelegt hat. Kurz darauf ist er leider gestorben. Nun erwarten wir ein zweites Kind und mein Mann meint, da mein Großvater diesem ja sicher auch ein Geschenk gemacht hätte, dass das Geld nun einfach gerecht geteilt werden sollte. Ich bin mir da aber nicht so sicher. Bestehlen wir damit nicht unsere Tochter?« (*SZ-Magazin* 35/2003)

In all diesen Beispielen stehen bei den Entscheidungen mindestens zwei objektive Werte in Konkurrenz. Man verletzt den Wert der Solidarität, wenn man die Umwelt schützt; Tobias verweigert seinen Fußballfreunden gegenüber die Solidarität, wenn er sich bei seiner Mutter hilfsbereit zeigt. Cortez hält ein Versprechen nicht, wenn er die Pflicht sich selbst gegenüber erfüllt, seinen Arbeitsplatz nicht zu gefährden. Kibaki ist in der Klemme, denn er muss die Unterstützung eines korrupten Ministers annehmen, wenn er als Regierungschef gegen Korruption vorgehen will. Die Eltern können nur dann gerecht sein, wenn sie mit dieser Handlung zugleich ihre Tochter bestehlen. Wie geht man damit um, wenn man kategorische moralische Regeln nicht verletzen will, es aber tut, wenn man handeln muss?

Ich habe jetzt eine Vielzahl von Beispielen genannt, an denen mein nun zu entwickelndes Moralkonzept überprüft werden könnte. Wenn beklagt wird, dass das zu viel für den Anfang sei, möge man sich an Nietzsches Worte erinnern, der sagte: »Ich mache mir aus einem Philosophen gerade so viel, als er imstande ist, ein Beispiel zu geben.« (Nietzsche, 1969, Band 1, 298)

Jedenfalls bin ich der Überzeugung, dass mit dieser breiten Basis von empirischem Material meine Aussage validiert werden kann, dass in einer moralischen Entscheidung mit Wertekonkurrenz in den überwiegenden Fällen eine kategorische

Regel befolgt und mit derselben Handlung eine andere verletzt wird. Wenn man demnach konstatiert, dass moralische Regeln in Konkurrenz stehen können – und das sind die philosophisch interessanten Fälle –, ist man als Philosoph aufgerufen, die Frage zu beantworten, welche Moraltheorie die für die Konfliktlösung plausibelste ist, um den Konflikt in der Realität strukturieren zu können, denn die Moralphilosophie gehört zum Bereich der praktischen Philosophie, die sich nicht im akademischen Elfenbeinturm verkriechen kann. Ich zeige nun im Folgenden, dass

1. es objektive und universelle Werte gibt,
2. deren Inhalt sich aus der christlichen Moral speist,
3. die Theorie der Prima-facie-Pflichten von William D. Ross diejenige ist, die für die Systematisierung und damit für die Eröffnung einer praktischen Lösung von Wertkonflikten die angemessenste ist.

Die gestrige und die heutige Problemlage: Eine Einleitung

Seit der Neuzeit erheben die Menschen Autonomieanspruch. Vor diesem Hintergrund entsteht dann die Frage, wie einer mit dem anderen kooperieren kann. Müssen sich die autonomen Individuen nicht beziehungslos gegenüberstehen? Ist trotz zunehmender Individualisierung gesellschaftliche Integration möglich? Kann die Spannung zwischen Individuum und Gemeinschaft aufgehoben werden? Sie aufzuheben war in der Tat das Bestreben einer Vielzahl von Philosophen der Neuzeit. Bis zu Kants Zeit gab es durch die Jahrhunderte hindurch unterschiedliche Vermittlungsversuche. Bei Thomas Hobbes gibt der einzelne Mensch seine Macht und Freiheit an den Souverän ab, der – metaphorisch gesprochen – die Einzelnen in sich vereinigt, wie es im bekannten Titelkupfer des *Leviathans* dargestellt ist. In John Lockes Theorie ist es bereits die Gesellschaft, mit der sich der Einzelne identifiziert. Die Macht und die Freiheit werden nicht wie bei Hobbes an einen anderen Menschen abgegeben, sondern an die Gesellschaft, mit der sich der Einzelne identifizieren soll. Bei Rousseau garantiert der Gemeinwille, der fast nur noch psychologisch zu verstehen ist, die Freiheit des Einzelnen. Kant spricht in seiner transzendentalen Lösung des Problems von einem selbst gegebenen Gesetz, mit dem wir uns identifizieren, weil wir es uns selbst gegeben hätten. Wir haben darum die Pflicht, nach diesem Gesetz zu handeln. Würden wir nicht nach ihm handeln, würden wir die Achtung vor uns selbst verlieren. Es zeigt sich also eine Entwicklung in der Philosophie, die kontinuierlich eine immer stärkere Bindung des Einzelnen an seine Gemeinschaft fordert und erzwingen will. Die Entwicklung geht vom äußeren vertraglichen Zwang der Vergemeinschaftung des Individuums zu einem inneren, psychischen Zwang. Bei Durkheim ist das »Kollektivbewusstsein« eine Integrationsfigur für stärkste Bindung, einer stärkeren innerlichen jedenfalls, die wirksamer ist als jeder Vertrag. Alle genannten Philosophen gehen davon aus, dass die Regeln des Zusammenlebens nicht mehr von Gott gegeben, sondern vom Menschen geschaffen sind.

Im griechischen Stadtstaat war die Identität des Individuums abhängig von seiner Zugehörigkeit zur Gemeinschaft. Es bedurfte keiner philosophischen Bemühungen, um die Bindung des einzelnen Menschen an die Gemeinschaft zu konstruieren. Die Individuen waren Bestandteil der Gemeinschaft und nur so konnten sie überhaupt eine Persönlichkeit ausbilden. Die Persönlichkeit wurde geprägt durch die Zugehörigkeit zu einer bestimmten Gemeinschaft. Nur derjenige gewann Anerkennung als Mensch und konnte für sich selbst von einem gelingenden Leben sprechen, der sich politisch engagierte. »Ein Leben als Einzelner (idiótes) war praktisch kaum möglich, schwierig und unvorteilhaft.« (Luhmann 2000, 8) In der griechischen Antike »jemanden zu einem guten Menschen zu machen, [...] bestand darin [...], daß man ihn zum Bürger eines Staates mit guten Gesetzen« machte. (Bien 1995a, 135) Heute würde man von Selbstwertgefühl sprechen, was man in der Antike nur auf diese Weise ausbilden konnte. Das Gemeinwesen hatte ethische und moralische Gestaltungskraft. In Platons *Politeia* handelt es sich lediglich um einen Größenunterschied zwischen Mensch und Gemeinwesen. Der Mensch erlangt nach Platon sein wahres Glück, wenn er nach dem Vorbild des Gemeinwesens, in dem Lehrstand, Wehrstand und Nährstand zusammenwirken, seine Elemente Kopf, Herz und Bauch in Einklang bringt. Der Begriff »Autonomie« wird nur vereinzelt für den inneren Zustand eines Menschen verwendet, so z. B. bei Sophokles. In der römischen Philosophie finden wir ihn gar nicht, außer einmal bei Cicero, der mit »autonomia« allerdings die eingangs beschriebene politische Selbstbestimmung meint. Ebenso wie in der römischen Zeit ist der Begriff im Mittelalter gänzlich unbekannt. Die wie selbst-

verständlich verlaufende Identitätsbildung über die Zugehörigkeit zur Gemeinschaft kennzeichnet die christlichen Gemeinschaften des Mittelalters in ähnlicher Weise.
Die Identifizierung über die Zugehörigkeit zu einer bestimmten Gemeinschaft wurde in der Neuzeit brüchig und von Hegel als die »Tragödie im Sittlichen« beschrieben. (Hegel, Band 2, 495; vgl. dazu Forst 1994, 408 f. und Menke 1996) Auf die Identität von Individuum und Gemeinschaft waren deshalb die philosophischen Moralkonzepte in der Antike und im Mittelalter abgestellt. Die Philosophen unterschieden nicht wie heute zwischen Ethik und Moral.
Was ist mit diesen beiden Begriffen gemeint? Ethik umfasst in meiner Terminologie den Bereich, in dem die Frage gestellt wird, was für das jeweilige persönliche Leben wichtig ist. Hier geht es um gelungenes, geglücktes und gutes Leben; etwa um die Frage, welcher Beruf für jemanden wichtig ist, mit welchem Partner man sich verbinden will oder was für jemanden wichtig ist zu lernen oder zu lesen. »Nehmen Sie zum Beispiel die Frage, ob man sich verheiraten soll oder nicht. Das ist heute eine belastete, problematische Frage, ebenso wie die Frage, ob man Kinder haben soll oder nicht und, wenn ja, wann. Selbst das Alter ist nicht mehr bloß ein Verhängnis. Für alte Leute, die es sich leisten können, ist die Lebensführung heute nicht mehr so festgeschrieben wie früher. Wir empfinden es nicht mehr als unwürdiges Verhalten, wenn Alte etwas Neues anfangen, wenn sie ein zweites Berufsleben oder ein zweites Liebesleben beginnen.« (Giddens 1997, 49) Dies sind alles Probleme bei der Gestaltung der »Eigenwelt«. (Ziehe 2004)
Mit Moral bezeichne ich auf der anderen Seite die Regeln, die zwischen mindestens zwei Personen gelten, um die Interaktionen möglichst konfliktfrei gestalten zu können. Diese Unterscheidung ist nötig, wenn man sich der Moral in der funktional differenzierten Gesellschaft bzw. der postchristlichen Gesellschaft zuwendet. Man kann wegen der andersartigen sozialen Verhältnisse heute nicht mehr bruchlos an Moralkonzepte der

Antike und des Mittelalters anknüpfen. Ich werde zeigen, wie heute im Bereich des Moralischen die Regeln für alle verbindlich sind und wie im Bereich des Ethischen dennoch Wahlfreiheit und Autonomie realisiert werden können. Die Verbindlichkeit in der Moral und die Wahlfreiheit in der Ethik sind kennzeichnend für die funktional differenzierte Gesellschaft.

Die Identitätsbildung geschah - wie ich sagte - in der Antike geradezu selbstverständlich über die Zugehörigkeit zur Gemeinschaft. Das war auf ähnliche Weise noch in den christlichen Gemeinden des Mittelalters der Fall. Dieser Zeit und ihrem Kontrast zur Jetztzeit will ich mich im folgenden Kapitel zuwenden, um die soziologische Basis für die spätere philosophische Argumentation zu legen.

Die Differenzen zwischen christlicher Gemeinde und funktional differenzierter Gesellschaft

Die christliche Gemeinde

Die gefestigte Verbindung und Einheit von Moral und Ethik, von Individuum und Gemeinschaft, von der Sokrates, Platon und Aristoteles ausgehen konnten, war auch in den mittelalterlichen christlichen Gemeinden – jedoch in anderer Weise – noch anzutreffen: Alle waren an einem Ort, alle wussten dasselbe, und alle hatten, wenn überhaupt etwas, einzig die Bibel gelesen. Moralisches Handeln hatte einen für alle gleichermaßen verbindlichen und sicheren Bezugspunkt und eine unangezweifelte Basis; das waren Gott und die Offenbarung. Es gab ein alle Stände umfassendes Richtigkeitserlebnis. Der einfache Bauer und Leibeigene konnte ebenso wie der Fürst und der König für seine alltäglichen moralischen Entscheidungen in der Bibel Handlungsanweisungen finden, so wie gläubige Muslime gegenwärtig im Koran. Noch heute gilt für religiös homogene Gesellschaften, dass sie auf eine Begründung der Moral verzichten können; Moral ist dort so selbstverständlich gegeben, dass man nicht nach Begründungen fragt. Die absolute Gültigkeit der Gebote ist für die Menschen in solchen Gesellschaften durch Gott festgelegt und wird von den Menschen nicht in Frage gestellt. Dabei sind Gott und Gottesdienst nicht etwa ein Ereignis, das neben dem Alltag steht und ihn erhöht, sondern die alltägliche Arbeit ist zugleich Gottesdienst; beides ist nicht voneinander zu trennen. (Vgl. Brunner 1984, 25) Noch heute ist das alltägliche Waschen, Baden und Zähneputzen der Hindus im heiligen Ganges zugleich religiöses Ritual. Von einem religiösen Ritual spricht allerdings nur der beobachtende Religionswissenschaftler. (Vgl. Becke 1996, 9) Gläubige Menschen selbst könnten das nie in dieser distan-

zierten Weise beschreiben. Soziales und Religiöses sind in solchen Gesellschaften identisch.
Selbst die zeitliche Strukturierung des Alltags stand in der christlichen Gemeinde unter religiösem Einfluss und war durch das Glockenläuten nahe liegender Kirchen, verbunden mit der Aufforderung zum Gebet, gegeben, und selbst die Landkarten waren nicht geographisch, sondern in erster Linie heilsgeschichtlich orientiert. (Vgl. Goetz 1986, 23ff.) Durch die Zugehörigkeit zur Familie war es für einen Menschen in christlichen Gemeinschaften vorherbestimmt, wen er heiraten wird. (Vgl. Goetz 1986, 41) Dante Alighieris Vater beispielsweise verlobte im Jahr 1277 den elfjährigen Sohn mit der fünfjährigen Gemma Donati, die der Dichter der *Divina Commedia* mit 26 Jahren heiratete. Im Übrigen wurde der Ritus der Eheschließung seit dem 9. Jahrhundert von der Kirche ausgestaltet. (Vgl. Goetz 1986, 43) Vorherbestimmt war ebenfalls, welchen Beruf ein Mensch - meist in der Familientradition (vgl. Goetz 1986, 235) - ausüben wird und welche Aufgaben er in der Gemeinschaft wird erfüllen müssen. (Vgl. Campbell 1993, 210) »Das Schicksal der meisten Menschen [war] von Geburt an für den Rest des Lebens vorgezeichnet.« (Bauman 1995, 54) Das gab eine klare moralische Orientierung und deutet auf eine hohe Identifikation mit der Familie und dem Gemeinwesen, dem man angehörte, hin. Das frühe Mittelalter hatte »keinen Blick für das Individuum [...]. Weder in der Geschichtsschreibung noch in der Kunst interessierte der Mensch als einzelner, sondern entweder in Ausübung seiner Funktion oder als Angehöriger einer Gruppe: Der Mensch war eingeordnet in die Gemeinschaft, die ihm zu leben erst ermöglichte. [...] Der mittelalterliche Mensch war als Person Glied seiner Familie, seines Stammes, seines Königreiches, als Christ Glied der einen Kirche, die sich in der Pfarrgemeinde manifestierte, als Rechtsperson Angehöriger seines Standes, als Nichtfreier Höriger seiner Herrschaft. Neben den geburtsbedingten gab es freiwillige Bindungen (die freilich nicht durchweg individuell, sondern oft von den Eltern und Ange-

hörigen oder von der gewohnheitsmäßigen Norm bestimmt wurden): Man konnte etwa als Mönch in ein Kloster eintreten oder einer Bruderschaft (Schwurgemeinschaft) angehören, wie sie in verschiedenen Formen und mit verschiedenen Zielsetzungen vorkamen.« (Goetz 1986, 17) Diese Art der freiwilligen Bindung war allerdings höchst begrenzt und von den Möglichkeiten abhängig, die die gelebten Traditionen zuließen. Man konnte nicht einfach von Gemeinschaft zu Gemeinschaft wechseln, sondern in der Regel »wurde [man] in sie hineingeboren und konnte nicht durch Entscheidung eintreten und austreten«. (Luhmann 2000, 230) Man konnte an der Stratifikation nichts ändern, infolgedessen keinen Antrag stellen, König werden zu wollen. Zumindest hätte dieser Antrag wenig Aussicht auf Erfolg gehabt. Die Stratifikation änderte sich nicht. Man blieb in der Regel in der sozialen Stellung, in die man hineingeboren war.

Ich werde das Ganze noch von einer anderen Seite her beleuchten. Die christliche Religion war auf Globalität ausgerichtet, sie sollte spätestens seit paulinischer Zeit eine den ganzen Erdkreis umspannende, universelle Religion werden, zugleich aber brachten die kleinen mittelalterlichen christlichen Gemeinschaften intensive gemeinschaftliche Bindungen hervor. Wie konnte das sein? Richard Sennett gibt darauf die folgende Antwort: »Als mittelalterliche Kleinstädte und Städte unter christlicher Ägide erstarkten, waren die Steine der Kirchen und Kathedralen die Materialien, mit denen die Christen ihre lebenslange und leidenschaftliche Bindung an die Orte, an denen sie lebten, zum Ausdruck brachten. Die in den Himmel ragenden riesigen Kirchen, die selbst in kleinen Städten gebaut wurden, brachten die Bindung an einen Ort zum Ausdruck, aber auch das christliche Bedürfnis nach Gemeinschaft.« (Sennett 1997, 200) Noch heute gibt es in Köln die Redewendung: »Wenn ich drei Tage den Dom nicht gesehen habe, werde ich krank.« Hier äußert sich die Bindung an die vertraute Umgebung, an den als unkompliziert empfundenen Umgang mit den vertrauten Menschen. Freilich war diese Vertrautheit die Basis für die Bildung der christlichen Gemeinschaften, deren Zusammenhalt durch den Bau der Kathedralen weiter verstärkt wurde. »Die aus Stein gehauenen Figuren [an den Portalen] forderten den Betrachter unmittelbar dazu auf, sich selbst als einen Teil der Kirche zu sehen. Sie versuchten den Kirchgänger in die Gemeinde einzubeziehen, und sie waren damit Teil eines Prozesses, der bereits zu einem früheren Zeitpunkt begonnen hatte, als der Heilige Franziskus von Assisi sich in einfacher Sprache direkt an die gewöhnlichen Christen wandte. [...] Er lehrte, daß wir in unserem Körper den ethischen Maßstab zur Beurteilung von Regeln, Rechten und Privilegien in der Gesellschaft tragen: Je mehr Schmerzen diese verursachen, um so genauer wissen unsere Körper, daß sie ungerecht sind.« (Sennett 1997, 202 ff.)

Die Körpermetapher spielt in Sennetts Erörterung eine große Rolle. Er sieht eine Parallelität zwischen der Auffassung vom menschlichen Körper und dem Städtebau. Das christliche Gebot der Nächstenliebe findet sich selbst in der medizinischen Körperbetrachtung im Mittelalter wieder. Die Mediziner interpretierten den starken Blutstrom bei einer Operation als mitleidsmotivierte Hilfestellung der anderen Organe im Körper, die nicht betroffen und nicht in Not sind. »Bei einer Operation [...] ›bemitleiden die anderen Glieder die Leiden [des verwundeten Glieds], und sie senden all ihre Geister und Wärme zur Hilfe‹. Ein anderer Arzt [...] beschrieb diesen Mitleidsmechanismus ebenfalls: Das erwärmte Blut fließe zum verwundeten Organ. ›Es herrscht so große Liebe zwischen [Teilen des Körpers], daß eines Mitleid mit dem anderen hat, das heißt, daß eines, welches weniger leidet, Mitleid mit dem anderen, das mehr leidet, empfindet; daher kommt das Blut der anderen [Teile] sofort geflossen, um ihm beizustehen.‹« (Sennett 1997, 208)

Die Mitleidsmoral organisierte das Environment der Gemeinde: »Die religiöse Gemeinde umfaßte nicht die ganze Stadt, sondern diente vielmehr als moralischer Bezugspunkt; das Armenhaus, die Gemeindekirche, das Krankenhaus und der Bischofsgarten stellten Maßstäbe auf, an denen das Verhalten in anderen Teilen der Stadt gemessen wurde.« (Sennett 1997, 201) Man kann diesen Aufbau anhand alter Stadtpläne nachvollziehen, wie an dem hier abgebildeten von der mittelalterlichen Stadt Kempen am Niederrhein, in der ich aufgewachsen bin. Um die Kirche herum gruppierten sich die genannten sozialen Einrichtungen, und um diese herum wurde weitergebaut. Die Stadtarchitektonik manifestierte die Moral im Herzen oder im Kern einer Stadt.

Der durch die christliche Moral organisierte Gemeinschaftssinn war allenthalben spürbar. Die wohnliche Nähe der Menschen war ebenfalls ein Zeichen dafür. »Innerhalb des Hauses ebenso wie auf der Straße lebten die Menschen dicht zu-

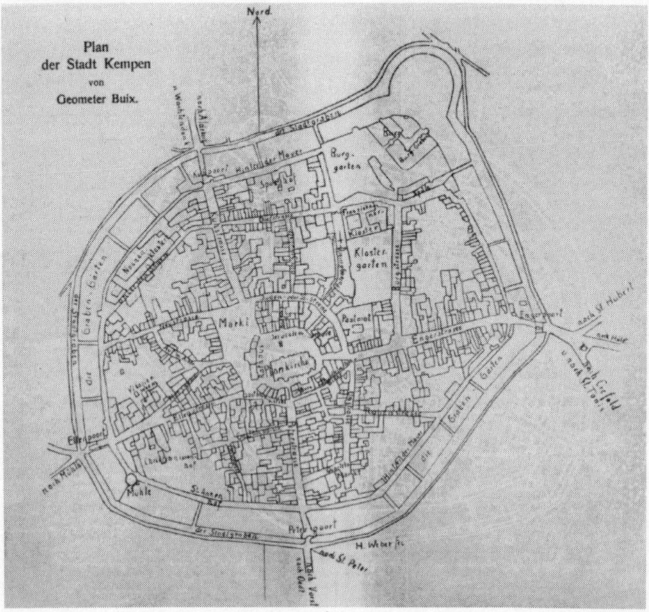

Undatierter Plan der Stadt Kempen

sammengedrängt. In den Häusern ging es zu wie auf den Straßen, die Menschen kamen und gingen zu jeder Stunde, wie es ihnen paßte, ›in intensiver Berührung miteinander zusammengepfercht, bisweilen auf engstem Raume – so lebten die Menschen im Feudalzeitalter. In der feudalen Residenz war kein Raum für individuelle Abgeschiedenheit.‹ Die Vorstellung eines privaten Raumes, der einem Individuum vorbehalten blieb, war dem Mittelalter im völligen Gegensatz zu heute fremd.« (Sennett 1997, 226) Heute hingegen hat innerhalb der Wohnung in der Regel jedes Familienmitglied seinen Raum, in dem es »für sich« sein kann.

Ein weiteres Beispiel für den christlichen Einfluss auf alle Lebensbereiche, neben der Architektur, ist die Literatur. Ich will nur an einem einzigen Beispiel, das für viele andere stehen kann, aufzeigen, wie stark das Christentum alle Bereiche des Lebens durchdrang. Es ist die literarische Bearbeitung der Gralslegende im *Parzival* aus dem Jahre 1210, deren Hauptquelle für Wolfram von Eschenbach die *Conte du Graal* des französischen Dichters Chrétien de Troyes aus dem Jahre 1180 war. Es gibt noch eine zweite französische Gralsdichtung aus dieser Zeit, die *Estoire dou Grall* von Robert de Boron. Das Parzival-Thema und damit das Verhältnis von Individuum und Gemeinschaft war folglich in dieser Zeit bereits mehrfach in der Literatur virulent. Bei Wolfram von Eschenbachs handelte es sich um eine Anspielung auf den Krieg zwischen dem König Philipp von Schwaben und dem Landgrafen Hermann I. von Thüringen aus dem Jahr 1203.

Entfernt man sich, wie der Gralskönig Anfortas, durch eine Sünde, hier sogar eine der sieben Todsünden, wie der Hoffart, aus der Gemeinschaft, wird man hart bestraft. Der Einsiedler Trevrizent sagt zu Parzival: »[Anfortas] muß Euch allezeit erbarmen und mich Armen auch, Qualen drücken ihm das Herz ab: Hoffart hat ihm das zum Lohn gegeben. Seine Jugend und seine Macht haben ihn und damit die ganze Menschheit mit Unglück geschlagen, und schuld daran war auch, daß er von unreiner Leidenschaft getrieben hinauszog, Liebe zu gewinnen. Wer so tut, bricht dem Grâl sein Recht: Der Ritter wie der Knappe dort muß darauf achten, daß er sich nicht gehenläßt.« (Eschenbach IX, 472f.) Anfortas hatte sich gehen lassen, indem er entgegen der Vorschrift des Grâls auf die Suche nach unerlaubter Minne ging. Sich aus der Gemeinschaft zu entfernen und durch eine Sünde deren Regeln zu verletzen, war verwerflich: »Wenn aber der Herr des Grâls Verlangen hat nach Liebe, nach einer Liebe, die ihm nicht jene Schrift ausdrücklich erlaubt hat, dann muß ihm das Kummer bringen und Seufzen und Schmerzen.« (Eschenbach IX, 478) Und so war es: »Mit einem vergifteten Speer wurde er beim Tjostieren verwundet, so daß er niemals wieder gesund werden konnte.« (Eschenbach IX, 479) Das Leiden wird von da an zentral für Anfortas wie für das Geschehen in der gesamten Grals-Gemeinschaft. Nicht nur der Einzelne, der gar nichts war ohne die Gemeinschaft, weil er noch keine individuelle Identität ausbilden konnte, leidet, sondern die ganze Gemeinschaft.

Nach Joseph Campbell zeigt sich in der Gralsdichtung der enorme christliche Einfluss. »Wir haben in Europa zwei Überlieferungen: die lokale Heldensage, die im alten keltischen und germanischen Geist wurzelt, und die christliche Tradition, die darübergelegt wurde. Sie stammte aus dem Nahen Osten. [...] Im Nahen Osten zählt die Zugehörigkeit zur Gemeinschaft. Man ist keine individuelle Persönlichkeit, sondern ein Mitglied der Gesellschaft, ein Organ eines Organismus. [...] Im elften und zwölften Jahrhundert begann Europa, das Material zu absorbieren, und die Geschichte vom Gral, die Artusromane spiegelten diese Angleichung.« (Campbell 1993, 208) Doch ist Parzival – wie alle Ritter – auf der anderen Seite aufgerufen, seinen Weg selbst zu finden. Er versagt nur deshalb, »weil er das tut, was man ihm beigebracht hat, und nicht auf das hört, was sein Herz ihm sagt«. (Campbell 1993, 211) Und er bekennt selbst, dass das, was man ihm beigebracht hat, nicht richtig sein kann. (Vgl. Eschenbach VI, 330) Campbell entdeckt in der französischen Überlieferung etwas, was darauf hinweist, dass jeder aufgerufen ist, sich selbst zu finden. »Die Ritter zogen [...] von einem Ort aus in den Wald, den sie sich selbst ausgesucht hatten und wo kein Pfad zu sehen war. Ein Pfad ist immer der Weg eines anderen. [...] Aber wir müssen die Pfade verlassen, [...] selbst Entscheidungen treffen, und da gibt es keine Regeln.« (Campbell 1993, 209) Einen solchen Hinweis hätte Campbell ebenfalls in Wolfram von Eschenbachs *Parzival* finden können. Dort heißt es, dass Gott die Männer vom Gral »auf geheimen Wegen« fortführt. (Eschenbach IX, 494) Geheime Wege sind solche Wege, die der Gemeinschaft nicht bekannt sind.

In Wolfram von Eschenbachs Dichtung geht es darum, beide Aspekte in Einklang zu bringen, die Individualität und die Gemeinschaftszugehörigkeit. In der Parzival-Dichtung bildet sich das ab, was sich in der Realität entwickelte: Im 13. Jahrhundert zeigte sich - trotz der gemeinschaftsbildenden Stadtarchitektur - bereits merklich das, was wir heute Individualität nennen. »Die seit dem 12. Jahrhundert sich ausbreitende städtische Lebensform war weitaus mehr auf die Substantialität des Individuums gestellt als die weit überwiegend agrarische der vorangehenden Epochen. Von der individuellen Person und ihrem Willen hing die rechtliche Verbindlichkeit von Verträgen ab, auf denen Handel und Geldgeschäft beruhen.« (Mensching 1995, 123) Im Stadtrecht vieler Städte - etwa ab dem Ende des 11. Jahrhunderts - war vorgesehen, dass ein Leibeigener, der es schaffte, ein Jahr in der Stadt zu verbringen, ohne dass der Grundherr in dieser Frist Ansprüche geltend machte, dort als freier Mann weiterleben konnte. »Stadtluft macht frei binnen Jahr und Tag«, hieß die Losung. (Vgl. Goetz 1986, 215f.) Das Stadtrecht einiger Städte galt als Vorbild, das sehr bald an andere Städte weitergegeben wurde und sich ausbreitete. »So wurde zum Beispiel das Kölner Stadtrecht für die westfälischen Städte, das Magdeburger Recht für die Gebiete der deutschen Ostkolonien, das Lübecker Recht für den Ostseeraum bestimmend.« (Goetz 1986, 216)

»Johannes von Paris bestätigte in der Mitte des 13. Jahrhunderts, daß Individuen ›ein Recht auf Eigentum besitzen, in das eine höhere Autorität nicht ungestraft eingreifen darf – da sie es durch eigene Mühen erworben haben‹.« (Sennett 1997, 196) Der Besitzindividualismus, der sogar von der Kirche unterstützt wurde, begann seinen Siegeszug. (Vgl. Macpherson 1962) Die ersten Anzeichen der Herauslösung von Individuen aus der Gemeinschaft konnten in dieser Zeit beobachtet werden. »Diese große Spannung zwischen Wirtschaft und Religion brachte die ersten Zeichen des Dualismus hervor, der die moderne Stadt kennzeichnet: auf der einen Seite das Bedürfnis, sich im Namen der individuellen Freiheit aus der Enge der Gemeinschaft zu lösen, auf der anderen Seite die Sehnsucht, einen Ort zu finden, an dem Menschen einander nahe sind.« (Sennett 1997, 202)

Die Stadt im 13. Jahrhundert repräsentiert ansatzweise bereits den Konflikt, der zwischen dem individuellen und dem sozialen Bereich verläuft; zwischen dem individuellen Bereich, der die Ethik, und dem sozialen Bereich, der die Moral und das Recht umfasst. An dieser Trennlinie entzünden sich in der Gegenwart die Konflikte zwischen dem Individuum und der Gemeinschaft, ähnlich wie er nach Erikson bei Identitätskrisen in der Adoleszenz zutage tritt, wenn man zwischen Selbstsein und der Identität als Gemeinschaftswesen hin und her schwankt. (Vgl. Erikson 1968) Ebenfalls charakteristisch für die mittelalterliche Stadt ist der Konflikt zwischen den individuellen ökonomischen Interessen und der christlichen Gemeinschaft. An dieser Schnittstelle entstehen wieder und wieder neue Probleme. Selbst dann, wenn ein Problem gelöst worden ist, bleibt die Konfliktlinie bestehen. Die christliche Kultur suchte anfangs noch, diese Spannung zwischen dem Besitz des Individuums und der Moral der Gemeinschaft zu versöhnen.

Die Gemeinde hatte einen doppelten Mittelpunkt: als Herz die Kathedrale und als Kopf die Verwaltung und die Rechtsprechung. Die Corpus-Metapher beherrschte nicht nur die Platonische Staatstheorie. Die Politik wurde als der Kopf oder das

Herz der Gesellschaft angesehen. – Die mittelalterliche Zeit diente mir hier lediglich als plakativ dargestellte Kontrastfolie, damit ich vor diesem Hintergrund nun die Neuzeit und Gegenwart beschreiben kann.

Die funktional differenzierte Gesellschaft

Noch bis in die Mitte des 20. Jahrhunderts war die Familie, ähnlich wie im Mittelalter und in der Neuzeit, für die Identitätsbildung von Bedeutung. Erinnert sei an Thomas Manns großen Roman, in dem er ein Sittenbild des beginnenden 20. Jahrhunderts entworfen hatte: Man war ein Buddenbrook und wusste, was das bedeutete und wie man sich zu verhalten hatte. Heute weiß man in den verschiedenen Gruppen, seien es Selbsterfahrungs- oder Atemgruppen, in denen man fremd zusammenkommt, nicht einmal den Familiennamen. Man nennt sich beim Vornamen, und wenn zwei gleichen Vornamens in der Gruppe sind, wird zur Unterscheidung der Familienname, allerdings abgekürzt durch den ersten Buchstaben, dahinter gesetzt. Man trifft auf Fremde, bildet kurzzeitig eine intensive Gemeinschaft und geht wieder auseinander. Man hat – wie in diesem Beispiel – oft einen vorübergehenden Kontakt mit Menschen, die man nie vorher gesehen hat. Jeder von uns hat schon Folgendes erlebt: »Heutzutage sind wir schockiert oder überrascht, wenn wir jemand, mit dem wir vorher nur telefoniert haben, zum ersten Mal treffen und er anders aussieht ›als seine Stimme‹.« (Barley 1993, 48)
Junge Menschen haben es darum heute schwerer als zu der Zeit, da ihnen moralische Orientierung durch die Einbettung in die Gemeinschaft vorgegeben wurde. Sie haben zwar heute größere Freiheiten, müssen ihre Orientierung indessen selbst finden. Man hat beispielsweise nun nicht mehr *eine* Religion wie im Mittelalter, der man ein Leben lang angehörte, sondern ein kolonialwarenähnliches Angebot von unterschiedlichen religiösen Gruppen, denen man beitreten und die man bei

Nichtgefallen wieder verlassen kann. In jedem Fall muss man sich selbst orientieren und entscheiden.

Das gilt auch für den eigenen, von mir so genannten ethischen Bereich, also den Bereich, der für das jeweilige persönliche Leben wichtig ist. Hier geht es um gelungenes, geglücktes und gutes Leben, folglich um den so genannten Eigenbereich. Für die Gestaltung dieser »Eigenwelt« gibt es einen so genannten »Relevanzkorridor«. (Ziehe 2004) Eine Mutter erzählte mir von einem Konflikt mit ihrem Sohn, der aus der Schule nach Hause kam und sich über den langweiligen Musikunterricht zur Wiener Klassik beschwerte und sagte: »Was interessiert es mich, wie die früher musiziert haben.« »Alles, was nicht mehr oder weniger unmittelbar an das Deutungssystem der Eigenwelt angeschlossen werden kann, trifft auf immense Verstehens- und Akzeptanzprobleme.« (Ziehe 2004) In seinen Eigenwelten ist jeder für sich und hat seine eigenen Regeln. Anders dagegen im moralischen Bereich, in dem von der Unbedingtheit der moralischen Regeln ausgegangen wird, die für alle gleichermaßen gelten. Fairnessregeln und das Gebot der wechselseitigen Anerkennung gelten für die Jugendlichen absolut. (Vgl. Herzog 2002, 489) Unter den genannten Bedingungen zunehmender Individualisierung werden diese Regeln immer wichtiger. Moralische Regeln müssen notwendigerweise kategorisch gelten, sonst würde das gesellschaftliche Zusammenleben nicht funktionieren können. War man früher in eine Gemeinschaft eingebettet, in der die Verhaltensregeln fraglos galten und sanfte bis rigide soziale Kontrolle über deren Einhaltung wachte, so fehlen uns diese Stützen der Gemeinschaft heute. Um den Kontrast zur vergangenen Vergesellschaftung plastisch hervortreten zu lassen, will ich das Phänomen der Individualisierung noch ein wenig ausführlicher beschreiben.

Individualisierung ist – so paradox das klingt – »kein individuelles, sondern ein kollektives Schicksal«. (Beck 1995, 34) Das Ergebnis hat Hans Magnus Enzensberger treffend beschrieben: Die Individualisierung »äußert sich am deutlichsten in der Provinz. Niederbayrische Marktflecken, Dörfer in der Eifel, Kleinstädte in Holstein bevölkern sich mit Figuren, von denen noch vor dreißig Jahren niemand sich etwas träumen ließ. Also golfspielende Metzger, [...] Apothekerinnen in Nicaragua-Komitées, [...] Autonome mit Bio-Gärten, waffensammelnde Finanzbeamte, pfauenzüchtende Kleinbauern, [...] Altphilologen im Warentermingeschäft, [...] Kunstfälscher, Karl-May-Forscher. [...] An die Stelle der Eigenbrötler und der Dorfidioten, der Käuze und der Sonderlinge ist der durchschnittliche Abweichler getreten, der unter Millionen seinesgleichen gar nicht mehr auffällt.« (Enzensberger 1991, 264 f.) Die Abweichung, die Anormalität ist zur Normalität geworden.[1]

Ein weiterer Aspekt: Richard Sennett betrachtet den Städtebau und das medizinische Bild vom menschlichen Körper im Mittelalter und zeigt den Unterschied der Sichtweise zwischen früher und heute auf. Die Stadt ist heutzutage ein System gleichgeordneter Planquadrate. New York beispielsweise ist, wie viele andere nordamerikanische Städte, »eine Gitter-Stadt par excellence, eine endlose Geometrie gleichförmiger Blocks. [...] New Yorks Gitter besitzt weder einen festen Rand noch ein Zentrum. [...] Die Planer des modernen New York verstanden das städtische Gitter als expandierendes Schachbrett. [...] In New York hätte man zum Beispiel den großen Bürokomplex des Rockefeller Centers, der in den 1930ern begonnen wurde, ein paar Blocks weiter nördlich, südlich oder auch westlich bauen können; das neutrale Gitter diktiert seinen Standort nicht.« (Sennett 1997, 445) Nicht nur das. Bei Erneuerungen muss man nicht darüber nachdenken, wie man den Stadtkern verändert oder wie man die umliegenden Häuser zu berücksichtigen hat; man kann die Erneuerung vielmehr als einen permanenten Prozess ansehen, so wie die moderne Medizin davon ausgeht, dass der menschliche Körper sich gleichmäßig

1 Eine Fülle gegenwärtiger normaler anormaler Lebensläufe stellen Ulrich Beck und Ulf Erdmann Ziegler vor. (Vgl. Beck/Ziegler 1997)

und ständig selbst regeneriert. Die gesamten Zellen des Körpers sterben ab und erneuern sich, ohne dass der Körper während dieser Zeit sein Funktionieren aufgeben müsste. Der Fluss des Blutes ist gewährleistet und dient als Transportmittel für abgestorbene Zellelemente und für Baumaterial neuer Zellen. Er ist Bestandteil des ständigen Reinigungsprozesses. Der Verkehr - könnte man metaphorisch sagen - fließt. »Bis vor kurzem noch verschwanden völlig funktionstüchtige Gebäude in New York mit derselben Regelmäßigkeit, wie neue auftauchten. In einem Zeitraum von sechzig Jahren wurden zum Beispiel die großen Häuser an der Fifth Avenue auf der ganzen Länge von Greenwich Village bis zum Kopfende des Central Park errichtet, bewohnt und zerstört, um höheren Gebäuden Platz zu machen. Noch heute werden neue New Yorker Wolkenkratzer trotz eines jetzt bestehenden Denkmalschutzes auf eine Lebensdauer von fünfzig Jahren berechnet und entsprechend finanziert, auch wenn sie technisch viel länger bestehen könnten.« (Sennett 1997, 445)

Die Stadt wurde geplant, um schnelle Bewegung zu ermöglichen. »Heute bewegen sich die Menschen schnell, besonders bei der Fahrt in die oder innerhalb der Peripherie der Stadt, deren Fragmente nur durch Automobile miteinander verbunden sind. Die Logistik der Geschwindigkeit löst jedoch den Körper von den Räumen, durch die er sich bewegt.« (Sennett 1997, 449 f.) Man baut »gleichförmige, gerade Straßen, die ein hohes Verkehrsaufkommen erlaubten«. (Sennett 1997, 407) Man kann z. B. sein Kind morgens innerhalb kürzester Zeit in einen weit entfernten Kindergarten fahren und es mittags wieder abholen. Es hat am Ort seines Aufenthalts weiter keine Beziehungen und Bindungen. Es gibt dort nichts Gewachsenes, wie in der mittelalterlichen Stadt, somit auch keine architektonischen Identifikations- oder Orientierungsmöglichkeiten. Übertragen in medizinisches Vokabular würde man sagen: Das Blut muss ungehindert fließen. Infarkte und Thrombosen sind von Übel, ja zuweilen tödlich.

Noch ein Blick auf die Literatur, die heute ebenso einen Zeitspiegel darstellt wie im 13. Jahrhundert der *Parzival*. Thomas Manns *Buddenbrooks. Verfall einer Familie* kündet, wie der Untertitel bereits sagt, zu Beginn des 20. Jahrhunderts vom Ende der Familie und deren Orientierungsfunktion. Die Darstellung der Individualisierung in ihrer ausgereiften Form findet sich dann am Ende des 20. Jahrhunderts z. B. in Michel Houellebecqs Roman *Elementarteilchen*, wobei der Titel bereits Programm ist. Er handelt vom Leben der Halbbrüder Bruno und Michel, die um die vierzig sind. Ihre Mutter ist eine egoistische Achtundsechzigerin, die sich ihrer sexuellen Selbstverwirklichung ausschweifend hingibt. Die Brüder teilen mit der Mutter ihre Einsamkeit und vermissen das Gemeinschafts- und Familienleben. Houellebecq zeichnet das typische Bild einer gestörten Eltern-Kind-Beziehung, woraus bei den Brüdern die Angst vor Beziehungen resultiert. Bruno, der Ältere, ist Lehrer, hat seine Ehe bereits hinter sich und sucht sexuelle Abenteuer, die für ihn unbefriedigend bleiben, denn Sexualität hat in diesem Roman nichts mehr mit Beziehung und Liebe zu tun. Wie sein Bruder führt er ein autistisches Leben und geht irgendwann freiwillig in die Psychiatrie. Michel, der andere Bruder, war nie verheiratet; er ist Molekularbiologe, der in einem gentechnischen Institut in Irland das unsterbliche und geschlechtsneutrale menschliche Wesen klont, um seine Vision, jenseits von Egoismus und sexuellem Elend, zu realisieren. Die Brüder leben – so Houellebecq – in einer Welt, in der die Menschen häufig vom Elend bedroht sind und ihr Leben einsam und verbittert verbringen. »Gefühle wie Liebe, Zärtlichkeit und Brüderlichkeit waren weitgehend verschwunden; in ihren zwischenmenschlichen Beziehungen erwiesen sich seine [Michels] Zeitgenossen sehr häufig als gleichgültig oder sogar grausam.« (Houellebecq 1999, 7) Houellebecq zeichnet das Sittenbild einer Zeit der absoluten Beziehungslosigkeit.

Die in wissenschaftlichen wie literarischen Werken diagnostizierte Individualisierung prozessiert die Frage nach der moralischen Orientierung, denn Moral ist nur dann Moral, wenn sie für alle Individuen gleichermaßen verbindlich ist. All das, was zur Individualisierung gesagt wurde, zwingt uns die Frage auf, ob es eine gemeinschaftsstiftende Moral in unserer Gesellschaft überhaupt noch geben kann. Dass es sie gibt, hatte ich schon angedeutet, denn für Jugendliche gelten Fairnessregeln absolut im Gegensatz zu Kognitionsregeln, die an ihren individuellen Eigenwelten haften. Diese Frage nach dem Status der moralischen Regeln in einer individualisierten Welt soll im Folgenden Schritt für Schritt genauer beantwortet werden. Im Vorwort sagte ich, dass ich einen moralischen Realismus vertrete, der die Werte durch den moralischen *common sense* abstützt und gleichzeitig den Ursprung dieser Werte plausibel macht. Darum will ich mich zunächst der Frage nach der Funktion der Moral für das gegenwärtige Soziale widmen. Zunächst jedoch gilt es den Begriff der doppelten Kontingenz zu klären.

Die Funktion der Moral in funktional differenzierten Gesellschaften. Die doppelte Kontingenz und die Entstehung sozialer Systeme

Da menschliches Handeln heute nicht mehr auf eine allgemeinverbindliche und von allen akzeptierte christliche Offenbarung ausgerichtet ist, hat jedes Individuum unendlich viele Handlungsalternativen, die weder notwendig noch unmöglich sind. (Vgl. Luhmann 1984, 152) Das nennt Luhmann kontingent. Doppelte Kontingenz – die Begrifflichkeit »double contingency« ist von Talcott Parsons[2] kreiert worden – ist schlicht die Verdopplung dieser Kontingenz. Die doppelte Kontingenz ist die beiderseitige Ungewissheit hinsichtlich dessen, was die »andere Seite tun wird, und daraus folgt die Unbestimmtheit des eigenen Handelns«. (Stichweh 1999, 215) Niemand weiß vom anderen, was dieser aus der Vielzahl von Möglichkeiten wählen und in Handeln umsetzen wird. Man ist in der Situation der doppelten Kontingenz nicht nur in Bezug auf das Handeln des Gegenübers unsicher, sondern ebenso in Bezug auf das eigene Handeln. »Was soll ich tun?« ist jetzt die Frage. Von den unendlich vielen Handlungsmöglichkeiten, die ein Individuum in der komplexen Welt hat, wird eine gewählt; es könnte aber genauso gut eine andere sein, denn es gibt eine Menge anderer Möglichkeiten. Ungeregelt gäbe das aber Komplikationen beim Anschlusshandeln: »Wenn jeder kontingent handelt«, sagt Niklas Luhmann, »also jeder auch anders handeln

2 Bei Parsons heißt es: »There is a *double contingency* inherent in interaction. On the one hand, ego's gratifications are contingent on his selection among available alternatives. But in turn, alter's reaction will be contingent on ego's selection and will result from a complementary selection on alter's part.« (Parsons/Shils 1967, 16)

kann und jeder dies von sich selbst und den anderen weiß und in Rechnung stellt, ist es zunächst unwahrscheinlich, daß eigenes Handeln überhaupt Anknüpfungspunkte [...] im Handeln anderer findet.« (Luhmann 1984, 165) Dann wäre die Handlungskoordination höchst unwahrscheinlich, wenn nicht unmöglich.

Welche Lösungen bieten sich in einer so vertrackten Situation doppelter Kontingenz an? Diese Frage hängt natürlich eng mit der Frage zusammen, wie Gesellschaft als geordneter Zusammenschluss von Einzel-Handelnden möglich ist und welche Rolle die Moral dabei spielt. Die einzige Möglichkeit, unter diesen Bedingungen eine Ordnung herzustellen, ist für Parsons die Bezugnahme aller auf ein einziges Normensystem. Soziale Ordnung ist, unter den Bedingungen individualisierter Gesellschaft, demnach die normative Regelung interpersonaler Beziehungen. »Normative order [...] is always relative to a given system of norms or normative elements, whether ends, rules or other norms. Order in this sense means that process takes place in conformity with the paths laid down in the normative system.« (Parsons 1967, 91) Die soziale Ordnung wird laut Parsons durch einen Konsens über die Werte und Normen hergestellt. (Vgl. Parsons 1967, 75)

Das ist Luhmann zu ungenau. Er möchte den genaueren Anknüpfungspunkt zwischen doppelter Kontingenz und Moral herausarbeiten. Luhmann ist der Auffassung, dass sich das Problem der doppelten Kontingenz in zeitlicher Perspektive von selbst löst, in der es notwendigerweise aus sich heraus eine neue Qualität gewinnt. Die neue Qualität besteht darin, dass das fremde Handeln sich am eigenen Handeln orientiert: »Ich tue, was Du willst, wenn Du tust, was ich will. Dieser Zirkel ist, in rudimentärer Form, eine neue Einheit, die auf keines der beteiligten Systeme zurückgeführt werden kann. Er mag in jedem der beteiligten Systeme präsent sein als Bewußtseinsinhalt bzw. als Kommunikationsthema; dabei ist aber immer schon vorausgesetzt, daß er auch in anderen Systemen präsent ist.« (Luhmann 1984, 166) Gehen wir davon aus, dass der

Zirkel in allen Systemen präsent ist und jeder weiß, dass nicht jeder unbegrenzt lange annehmen kann, er sei einen Schritt voraus; denn er muss auch von dem anderen wissen, dass dieser ebenfalls meint, er sei einen Schritt voraus. Die Eskalation würde irgendwann zusammenbrechen.

Was geschieht nun in dieser, von Luhmann als instabil gekennzeichneten Situation? Jeder von beiden sagt zunächst: »Ich lasse mich von Dir nicht bestimmen, wenn Du Dich nicht von mir bestimmen läßt. Es handelt sich, wie man sieht, um eine extrem instabile Kernstruktur, die sofort zerfällt, wenn nichts weiter geschieht. Aber diese Ausgangslage genügt, um eine Situation zu definieren, die die Möglichkeit in sich birgt, ein soziales System zu bilden.« (Luhmann 1984, 167) Was geschieht weiter, wenn der Kontakt nicht abgebrochen wird, sondern wenn die von Luhmann gekennzeichnete Situation eröffnet und ein neues soziales System gebildet wird?

In dieser Situation kann sich Vertrauen oder Misstrauen aufbauen. Der andere kann anders handeln, als man es erwartet. Er kann vor allem deshalb anders handeln, weil er weiß, was der andere erwartet und sich nicht von ihm bestimmen lassen will. Hier wird Misstrauen aufgebaut. Was geschieht dagegen, wenn Vertrauen aufgebaut wird? Vor allem: Wie wird Vertrauen aufgebaut? Hier haben wir die interessante Stelle erreicht, die in die Frage mündet, *wie* sich das soziale System angesichts doppelter Kontingenz und unter der Voraussetzung von beiderseitigem Vertrauen und unterstelltem beiderseitigem Interesse am Kontakt selbst reguliert: »Unbekannte signalisieren sich wechselseitig zunächst einmal Hinweise auf die wichtigsten Verhaltensgrundlagen: Situationsdefinition, sozialer Status, Intentionen. Damit beginnt eine Systemgeschichte, die das Kontingenzproblem mitnimmt und rekonstruiert. Mehr und mehr geht es daraufhin dann im System um die Auseinandersetzung mit einer selbstgeschaffenen Realität: um Umgang mit Fakten und Erwartungen, an deren Erzeugung man selbst beteiligt war und die sowohl mehr als auch weniger Verhaltensspielraum festlegen als der unbestimmte

Anfang. Die doppelte Kontingenz ist dann nicht mehr in ihrer ursprünglichen, zirkelhaften Unbestimmtheit gegeben. [...] Das System verliert die Offenheit für Beliebiges und gewinnt Sensibilität für Bestimmtes.« (Luhmann 1984, 184f.)

Doppelte Kontingenz wird von Luhmann als der *starting point* für die Bildung sozialer Systeme angesehen. Man muss um der Präzisierung willen hinzufügen, dass das erst für die heutige Gesellschaft zutrifft. In vorhergehenden Gesellschaftsformationen war es demgegenüber so, dass eine soziale Beziehung schon bestand, in der für die Einzelnen zweifelsfrei geregelt war, wen man heiraten, welchen Beruf man später ausüben wird usw. Ich hatte das bereits dargestellt. Die Situation der doppelten Kontingenz trat in vorhergehenden Gesellschaften erst gar nicht auf. Sie ist ein typisches Phänomen gegenwärtiger Gesellschaft.

Systembildung geschieht in der funktional differenzierten Gesellschaft »in der Stabilisierung relativ invarianter und auf die Umwelt bezogener Sinnstrukturen, die Komplexität reduzieren oder doch die Reduktion von Komplexität durch konkretes Verhalten erleichtern können«. (Luhmann 1973, 178) Der beschriebene Anfangsschritt ist der, dass Vertrauen aufgebaut wird. Nun ist die Frage noch nicht beantwortet, wie Vertrauen aufgebaut wird. Luhmann sagt dazu: »Vertrauen muß [...] freiwillig erwiesen werden. Es kann daher weder verlangt noch normativ vorgeschrieben werden. Es hat den sozialen Funktionswert von Vertrauen nur, wenn es die Möglichkeit des Mißtrauens sieht – und abweist.« (Luhmann 1984, 167) Misstrauen muss abgewiesen werden, damit sich Vertrauen aufbauen kann. Das führt aus der Situation der doppelten Kontingenz heraus, und so reguliert sich ein soziales System selbst, indem nach und nach mehr und mehr Verhaltensspielräume festgelegt werden. Es können Stabilisierungen eingebaut werden, z. B. können in Übergangssituationen von einer Gesellschaftsformation zu einer anderen bereits bestehende moralische Regeln in Anspruch genommen werden, so im Falle der Entwicklung der stratifikatorischen zur funktionalen Gesellschaft.[3] Darum sollte es uns gar nicht wundern, dass die normativen Gehalte moralischer Regeln in funktional differenzierten Gesellschaften aus dem christlichen Moralkanon stammen.

Moral hat die Funktion, in sozialen Systemen die Erwartungen und Erwartungserwartungen, die an das Verhalten des Gegenübers gestellt werden, nicht zu enttäuschen. Moralische Regeln führen dazu, dass ich erwarten darf, was ich erwarte. Die anderen haben wiederum die Erwartung, dass ich mich danach richte. Diese Erwartungen und Erwartungserwartungen sind in den kategorischen Regeln enthalten, deren Summe wir Moral nennen. Moralische Regeln geben demnach die Erwartungen und Erwartungserwartungen vor. Bereits hier findet sich ein Argument dafür, dass moralische Regeln objektiv sind und nicht jeder frei darin ist, sich eine Präferenzskala moralischer Werte zu bilden. Wäre das der Fall, würde gesellschaftliches Handeln kollabieren, aber das tut es offenbar nicht. Ohne objektive moralische Regeln könnte das soziale Handeln nicht stattfinden. Durch sie werden die Freiheitsspielräume der doppelten Kontingenz eingeschränkt, und man weiß, was man von seinem Gegenüber zu erwarten hat, man hat zu wissen, wie es reagiert. Es sei denn, man ist in Hinsicht auf Erwartungen und Erwartungserwartungen notorisch pathologisch und erwartet zu viel oder zu wenig und jedenfalls nicht das,

3 Diese Begrifflichkeiten werden von Luhmann in seiner Systemtheorie verwendet. Er nennt zum einen segmentäre oder bereichsspezifische Gesellschaftsformationen, die nach Familien, Dorfgemeinschaften oder nach Stämmen in einem Volk geordnet sind. Zweitens stratifikatorische oder schichtspezifische Gesellschaftsformationen, die nach Ranggesichtspunkten, wie Könige, Fürsten, Geistliche, Bürger, Bauern, gegliedert sind. Und endlich die heutige, funktionale Gesellschaftsorganisation. Hier wird die gesellschaftliche Ordnung durch Funktionssysteme gestaltet, wie Wissenschaft, Kunst, Religion, Wirtschaft, Politik, Gesundheitssystem, Liebe, Recht, Erziehung und so fort.

was von den anerkannt geltenden moralischen Regeln – selbstverständlich ebenso von den Konventionen und den Rechtsregeln – gedeckt ist. Dann muss man sich allerdings nicht wundern, wenn die Erwartungen enttäuscht werden.

Der Ursprung der Moral

Moral hat aus soziologischer Perspektive die Funktion, gesellschaftliche Ordnung herzustellen, zu festigen und zu garantieren. Wenn wir das festhalten, müssen wir darüber nachdenken, wie Moral entsteht, nach dessen Funktion die Gesellschaft verlangt. Wenn die Interaktion der Individuen gelingen soll, muss – so haben wir im vorhergehenden Kapitel erfahren – ein Regelungssystem entstehen, das die Koordination der Handlungen möglich macht. Dazu gehört ein Rechtssystem, anerkannte moralische Regeln und Konventionen. Uns interessieren zunächst nur die moralischen Regeln. Wie sind sie entstanden? Es werden in der Regel drei Entstehungsweisen genannt. Moralische Regeln können zum einen gestiftet werden, so wie die Zehn Gebote auf dem Berge Sinai; zum zweiten können moralische Regeln in einem Verfahren wie dem Habermasschen Diskurs generiert werden. Drittens entstehen sie im sozialen Kontext und können rekonstruiert werden, so wie die Kommunitarier es tun. Michael Walzer, einer der bekanntesten Vertreter, ist der Auffassung, dass wir die moralischen Werte nicht erst neu schaffen, sondern die, in denen wir leben, aus der Vergessenheit befreien und bewusst machen müssen. In dem Fall ist die moralische Orientierung eine, »die eine Gesellschaft [...] immer schon getroffen hat, d. h., die sie historisch oder implizit durch die Form ihres Zusammenlebens schon festgelegt hat«. (G. Böhme 1997, 18) Letztgenannte Entstehungsweise ist die sozialwissenschaftlich realistische.

Ich will anhand der Entstehung des Dekalogs nachzeichnen, wie moralische Regeln in letztgenannter Weise entstanden sind. Der Dekalog ist zweifellos nicht irgendein Regelkanon, sondern »die Summe biblischer und damit der Ansatzpunkt christlicher Ethik«. (Crüsemann 1993, 7) Für die Möglichkeit der Formulierung der Zehn Gebote war Freiheit die Voraussetzung, und sie sollte durch den Dekalog garantiert und bewahrt werden. Dass Freiheit die Voraussetzung darstellte, ist dem Prolog zu entnehmen. Dort heißt es, dass Jahwe das Volk aus dem Sklavenhaus Ägyptens herausgeführt habe. So wird interpretiert, dass sich der Dekalog – im Gegensatz zur Vergangenheit des »Sklavenhauses« – auf die freiheitliche Gegenwart richtet. Er zielt auf die reale Freiheit Israels. Erst vor diesem Hintergrund sind die Gebote für den bestimmten Adressatenkreis formulierbar. Die Adressaten sind Freie. »Der Dekalog gilt erwachsenen Männern, die rechts- und kultfähig sind. [...] Der Dekalog gilt also nicht [...] Kindern; er gilt nicht [...] Frauen; er gilt nicht Sklaven; er gilt nicht Lohnarbeitern.« (Crüsemann 1993, 28) Leben in Freiheit bildet die Voraussetzung für die Formulierung der biblischen Gebote. Vor dem Exodus hätten sie nicht formuliert werden können, weil sie keine Adressaten gehabt hätten, denn wie an den einzelnen Geboten abzulesen ist, haben die Adressaten Besitz und üben die freie Gerichtsbarkeit aus. Sicher gab es die Einzelgebote der Sache nach schon früher; doch waren sie bis dahin nicht in einen einheitlichen Zusammenhang gestellt worden.

Datiert wird die Entstehung des Dekalogs auf das 8. Jahrhundert vor Beginn der christlichen Zeitrechnung. Und angenommen wird weiter, dass er als Reaktion zu verstehen ist »auf die tiefen religiösen, theologischen, politischen und sozialen Krisen nicht nur des 9., sondern auch des 8. Jahrhunderts. [...] Und dazu gehört z. B. das Entstehen starker sozialer Gegensätze in Israel, dazu gehört das Auftreten der großen Gerichtsprophetie, dazu gehört vor allem der Untergang des Nordreichs und der Schock, den er ausgelöst haben muß. Angesichts dieser einschneidenden Erfahrungen werden die elementaren Grundforderungen Jahwes herausgestellt: Sie werden im Dekalog gesammelt und in dieser Konzentration erstmalig formuliert.« (Crüsemann 1993, 26 f.) Dabei ist zu beachten, dass er zunächst nur eine *Handlungsanleitung für diese konkrete historische Situation* darstellt, obwohl er auf-

grund seiner jahrtausendelangen Geltung suggeriert, er habe eine universalistische Konzeption.
Der Dekalog war nicht nur unter der Voraussetzung der Freiheit formulierbar, er sollte außerdem der Bewahrung der Freiheit des Volkes Israel dienen. Sozialhistorisch ist er demnach als Reaktion auf die Krise zu erklären, die Israel ein halbes Jahrtausend nach dem Exodus (vgl. Crüsemann 1993, 36)[4] erschütterte. In Israel drohte eine starke soziale Spaltung zwischen Arm und Reich. (Vgl. Crüsemann 1993, 83) Die Mächtigen planten, die Armen zu verkaufen, zu versklaven und sich ihren Besitz anzueignen. (Vgl. Crüsemann 1993, 31; außerdem *Amos* 8, 6 und *Micha* 2, 1–3) Es drohte die Sklaverei, die durch den Auszug aus Ägypten eben erst beseitigt wurde.
In einer solchen Situation musste eine abgrenzungsfähige Identität gefunden werden. Es musste darüber nachgedacht werden, was das Volk Israel als Volk Israel ausmacht. Dazu gehört, dass vor allem klargestellt wurde, dass es ein freies Volk ist. (Vgl. Yerushalmi 1993, 22) Diese Identität erhielt das Volk Israel durch den Bund am Berge Sinai, interessanterweise – doch für unseren Zusammenhang nicht von Bedeutung – noch vor der Landnahme. Es gibt wohl keinen in dieser Hinsicht vergleichbaren Fall der Identitätsbildung eines Volkes ohne Land.[5] In der Umgebung der Israeliten war der Polytheismus verbreitet, teilweise bei den Israeliten selbst. Um sich eindeu-

4 Die genaue Datierung des Exodus ist allerdings bis heute ungeklärt. Die Annahmen schwanken zwischen 1445 und 1270 v. Chr. (Vgl. Rienecker 1960, Sp. 160.)

5 Auf eine weitere Eigenheit weist Yerushalmi hin. Bevor die Landnahme erfolgte, wurde bereits das Exil angedroht für den Fall, dass die Gebote nicht eingehalten würden. (Vgl. etwa 3. Buch Mose, 26, 33–39) »Das ist wie eine Androhung zur Zwangsräumung noch vor dem Einzug ins eigene Haus.« (Yerushalmi 1993, 22) So entwickelten die Juden nach Yerushalmi eine Identität, die nicht unwesentlich vom Exil geprägt wurde. Das jüdische Denken sei von Dualität geprägt: »Einerseits die anhaltende Bande zum alten Land der Herkunft; andererseits die Fähigkeit, den Ort des Exils mit Vertrautem auszustatten, ihn als

tig abgrenzen zu können, musste eine völlig andere Gottheit geschaffen werden: Eine, die nicht tolerant gegenüber anderen Göttern ist, sondern eifersüchtig; eine, die sich selbst definiert durch Freiheit, wie wir oben gesehen haben, denn ein Gott, der frei ist und somit allmächtig, kann keine Konkurrenz dulden, die ihm bei seinen freien Entscheidungen im Wege sein könnte.[6]

Da Israel keine Bildtradition hatte, wurden zunächst Baalbilder abgewandelt, um Jahwe darstellen zu können. Dieses Verfahren hat aber eine deutliche Abgrenzung nur erschwert. Daher hat das Bilderverbot des ersten Gebots seine Bedeutung. Es hat weiterhin den Vorteil, dass die Gestalt Jahwes sich veränderten Umständen und neuen Erfahrungen anpassen kann, man demnach nicht auf ein bestimmtes Bild festgelegt ist.

Der sozialmoralische Sinn des zweiten Gebotes ist mit der Gerichtsbarkeit zu erklären. Das gesamte Rechtswesen war auf den Eid angewiesen, da es keine Kriminaltechnik gab. Somit war der Eid das entscheidende Instrument. Es musste das oberste Gebot dieses Rechtswesens sein, dass der Name Gottes nicht missbraucht werde, wenn auf den Namen Jahwes geschworen wurde.

Das dritte Gebot, dass der Sabbat zu heiligen sei, ist nach der sozialhistorischen Interpretation Realisierung der Freiheit. Die Israeliten waren zwar nicht gänzlich befreit von der harten Arbeit, doch die »geforderte Ruhe ist das praktizierte Gegenteil von Sklavenarbeit«. (Crüsemann 1993, 58)

›jüdisch‹ wahrzunehmen.« (Yerushalmi 1993, 31) »Das Weltjudentum im Exil war [...] religiös einheitlich, doch kulturell verschieden.« (Yerushalmi 1993, 30)

6 Ähnlich wird heute übrigens bei der Diskussion um das päpstliche Unfehlbarkeitsdogma argumentiert. Wenn die Überlegung angestellt wird, dass der Papst die Freiheit haben soll, aus Altersgründen zurücktreten zu können, wird diesem Vorhaben entgegengehalten, dass es wegen des Unfehlbarkeitsdogmas nicht möglich sein dürfe, dass ein amtierender Papst die Beschlüsse seines noch lebenden Vorgängers korrigiert.

Das vierte Gebot, die Eltern ehren zu sollen, bezieht sich auf die Altersversorgung. »Es gab damals keinerlei außerhäusliche Altersversorgung. Die Alten, Kranken, Schwachen waren allein auf die Versorgung durch die Jüngeren angewiesen. Und zwar kamen dafür vor allem die Söhne in Frage, denn die Töchter heirateten in der patrilokalen Gesellschaft des Alten Israel normalerweise nach auswärts. Im Hause und auf dem Erbland blieben die Söhne. Auch der so häufige und dringende Wunsch nach männlichen Nachkommen und die Nöte, die beim Ausbleiben entstanden, haben diesen Hintergrund. Söhne waren lebensnotwendig für die Zeit des Alters.« (Crüsemann 1993, 59 f.)
Die folgenden drei Gebote könnte man als allgemeine Gebote der Sittlichkeit bezeichnen. Das fünfte Gebot, nicht zu morden, galt der allgemeinen Lebenssicherung; das sechste Gebot, die Ehe nicht zu brechen, vornehmlich der Bewahrung des sozialen Friedens. Dies gilt ebenso für das nächste Gebot: »Du sollst nicht stehlen.« Die beiden letztgenannten waren selbstverständlich besonders wichtig für die soziale Struktur, denn nur eine in beiden Hinsichten nicht bedrohte Familie konnte über Generationen hinweg die Lebenssicherung garantieren. Bei Ehebruch und bei Abhandenkommen größeren Besitzes stand diese Garantie auf dem Spiel.
Die letzten drei Gebote sollten ebenfalls den Besitz des Nächsten schützen und damit den sozialen Frieden wahren; vor allem sollte die Verarmung vermieden werden, denn vorrangig war es, die Gefahr einer erneuten Sklaverei abzuwenden. Diese Gefahr wäre gegeben, wenn man zahlungsunfähige Debitoren an andere Völker hätte verkaufen können. Die letzten drei Gebote haben eine enge Beziehung zum Recht. Die falsche Aussage, die nach dem achten Gebot nicht gemacht werden darf, konnte den Nächsten um seinen ganzen Besitz bringen, wobei derjenige, der ein Verbrechen beobachtete, die Pflicht hatte, es öffentlich anzuklagen. Somit überlagerte sich die Rolle des Anklägers und des Zeugen. Man konnte als Ankläger und als gleichzeitiger Zeuge den Nächsten um sein

Recht und seinen Besitz bringen. Wegen dieser Doppelrolle waren bei einer mit der Todesstrafe zu ahndenden Tat zwei Zeugen erforderlich. (Vgl. Crüsemann 1993, 74)[7] Die beiden letzten Gebote, das neunte und zehnte, haben ebenfalls eine soziale Funktion, wenn es im neunten heißt, dass man das Haus seines Nächsten nicht begehren solle, ebenso wenig wie die Frau, das Gesinde und das Eigentum seines Nächsten, wie es dann auch im zehnten Gebot geschrieben steht. Das neunte und zehnte Gebot gewährleisten den Schutz von Haus und Ehefrau während des Kriegsdienstes oder während der Wallfahrten der Männer. Musste ein Mann beides in Gefahr wähnen, hätte er weder seinen religiösen noch seinen Gemeinschaftspflichten nachgehen können. Man könnte meinen, dass beides schon durch das sechste und siebente Gebot geschützt sei. Warum nun außerdem noch die Formulierung in den beiden letzten Geboten? Hierdurch sollte sichergestellt werden, dass man nicht auf rechtlichem Wege, etwa durch Ausnutzung von Gesetzeslücken, eine Aneignung vornehmen konnte. (Vgl. *Die Bücher der Propheten. Das Buch Amos* 2, 7 und 5, 12) Es gab zu dieser Zeit zahlreiche, durchaus anerkannte Praktiken, auf legalem Wege an den Besitz seines Nächsten zu kommen. (Vgl. Crüsemann 1993, 77) Das hätte die Lebensgrundlage einer Familie ruiniert, den sozialen Frieden empfindlich gestört und die Gefahr der Sklaverei heraufbeschworen.

Mit dieser Interpretation konnte gezeigt werden, dass die

7 Das galt noch bis zur Zeit Friedrichs des Großen. Noch im gemeinen Recht war ein Geständnis notwendig oder zwei Zeugen. War nur ein Zeuge vorhanden, berechtigte das zur Folter. (Vgl. Pfeiffer 1999, Rdn. 14) Erst Friedrich der Große schaffte die Folter per Kabinettsorder 1740 ab. (Vgl. Roxin u. a. 2003, 120) – Durch die Trennung der anklagenden Staatsanwaltschaft und der unabhängigen Richterschaft in der heutigen Strafprozessordnung wird auch die Unparteilichkeit des Urteilenden garantiert. Das war im Feudalismus nicht der Fall. Es ist eine Errungenschaft der Aufklärung. (Vgl. Roxin u. a. 2003, 122)

Zehn Gebote ihre Entstehung einem realen sozialen Problem verdanken. Interessant ist nun die Tatsache, dass sich der Gehalt vom Entstehungszusammenhang ablösen und darüber hinaus lange Bestand haben konnte. Der Kern der wichtigsten Gebote, nicht zu morden, weder zu stehlen noch die Unwahrheit zu sagen, hat bis heute Geltung. William D. Ross spricht in diesem Zusammenhang von »prominence of the commands ›thou shalt not kill‹, ›thou shalt not commit adultery‹, ›thou shalt not steal‹, ›thou shalt not bear false witness‹, in so early a code as the Decalogue«. (Ross 2002, 22) Nicht zu vergessen ist außerdem, dass der Gedanke der universellen Geltung von moralischen Regeln durch das Christentum in unsere Kultur hineingetragen und verbreitet worden ist. (Vgl. Apel 1980, 40; Schmidt 1993, 12f.; Tugendhat 1997, 117) Das christliche Gedankengut erhob spätestens seit Paulus den Anspruch auf globale Geltung. Auf die Frage, ob es diese globale Geltung moralischer Regeln heute noch gibt, werde ich später im Kapitel »Objektive und universelle moralische Regeln« zurückkommen.

Das Erbe des Christentums in der Moral der Aufklärung

Die christlich-jüdische Moral lebt in säkularisierter Form in der Aufklärungsepoche weiter. Der Historiker Otto Brunner hat einmal gesagt, dass Christentum und Abendland seit dem hohen Mittelalter identisch seien. (Vgl. Brunner 1984, 10) Sie sind es geblieben. Das ist die Hypothese, von der ich im Folgenden ausgehe. (Anders: Reese-Schäfer 1998, 284)[8]
Bevor ich darauf eingehe, zunächst jedoch noch einige historische Annotationen zum Säkularisierungsprozess. Die Kirchen erwiesen sich als Schrittmacher für die Konstituierung einer aufgeklärten Gesellschaft, denn *eine* Vorbedingung für die sich schnell verbreitenden Aufklärungsgedanken war die Fähigkeit, lesen zu können. Und die Kirchen förderten diese Fähigkeit bei ihren Gläubigen. (Vgl. McManners 1993, 302) Mitte des 17. Jahrhunderts erschien eine ganze Reihe von Katechismen, die auf die unterschiedlichsten Bedürfnisse abgestellt waren. Die Version für Kinder umfasste 27 und die für die Erwachsenen 382 Seiten. Die Bibel wurde allgemein verfügbar, und damit verstärkte sich der Anreiz, lesen zu lernen. Die Buchproduktion im 18. Jahrhundert verdoppelte sich, und

8 Ich gehe von dieser Hypothese aus, obwohl die römisch-katholische Kirche bis in die Mitte des 20. Jahrhunderts, ja z. T. bis zum zweiten Vatikanischen Konzil, ein schwieriges Verhältnis zu den in der Aufklärung proklamierten Menschenrechten hatte. (Vgl. Küng 1992, 115) Darauf rekurriert auch Reese-Schäfer, der sich dagegen wehrt, dass man »den Menschenrechten eine bis in das frühe Christentum hinein verlängerte Tradition anzudichten« versuche. Ich werde nun im Einzelnen zeigen, dass die normativen Gehalte von Freiheit, Gleichheit und dem grundlegenden moralischen Prinzip der Aufklärung, dem Kantischen Imperativ, auf den Gehalt christlicher Werte zurückzuführen sind.

erst allmählich ging der Anteil der Bücher mit streng religiösem Inhalt zurück. (Vgl. McManners 1993, 302–306)
Der Prozess der Säkularisierung wurde paradoxerweise durch die christliche Kirche gefördert. Und so muss man John McManners in seinem Resümee zustimmen: »Je mehr christliche Werte die Gesellschaft durchdrangen, [...] [desto unaufhaltsamer war der Niedergang der Kirche] – zumindest was Mitgliederzahl und praktische Bedeutung anbelangt.« (McManners 1993, 319) Mögen die Kirchen den Rückgang ihrer Mitgliederstärke bedauern, so hat das Christentum mit dem Prozess der Säkularisierung doch eins erreicht, dass nämlich seine Wertvorstellungen gründlicher als je zuvor die aufgeklärten Gesellschaften und das aufgeklärte Bewusstsein durchdrangen. Theologen könnten sich bequem zurücklehnen und beruhigt feststellen, dass in dieser Hinsicht das Werk vollbracht ist. Sie erheben dagegen allerdings den Einwand, dass Religion mehr sei als Wertevermittlung. (Vgl. Biehl/Johannsen 2003, 13) Das soll nicht bestritten werden, ist hier jedoch nicht Thema, sondern ich will vielmehr zeigen, wie die christlichen Werte zum festen Bestandteil unserer Wertordnung geworden sind.
Ich gehe mit mehreren Generationen von Religionswissenschaftlern und Theologen, von Emile Durkheim über Friedrich Gogarten (»Kulturreligion«), Talcott Parsons (vgl. dazu Brandt 1993), Thomas Luckmann (»unsichtbare Religion«) bis Trutz Rendtorff (»Religion als kulturelle Realität«), davon aus, dass die christliche Religion der Kern unserer aufgeklärten Kultur ist. Ernst Bloch bekräftigt: »Sicher ist, daß eine ungeheure Zahl von dem, was unsere abendländische Kultur ausmacht und die gesamte Mittelmeer-Kultur, ohne die Bibel – Altes und Neues Testament – historisch nicht denkbar wäre.« (Bloch 1970, 10)
In der christlichen Tradition vermuten nordamerikanische Kommunitarier heute einen moralischen Grundkonsens für das politische Gemeinwesen und formulieren folgende Überzeugung: »Die Moral der sozialen Bewegung, die von republi-

kanischen und biblischen Empfindungen geprägt war, ist uns in der Vergangenheit zustatten gekommen und kann uns noch in der Zukunft zustatten kommen.« (Bellah u. a. 1987, 333) Der von Bellah aufgewiesene Zusammenhang unserer aufgeklärten Kultur oder der der Aufklärung entsprungenen demokratischen Staatsform mit der christlichen Religion wird von vielen Religionswissenschaftlern und Theologen bestätigt. So stellte z. B. der Theologe Gogarten bereits 1920 in einem vielbeachteten Vortrag fest, dass die Religion es ist, die »dieser Kultur immanent« ist. (Gogarten 1967, 114) Emile Durkheim ergänzt, »daß fast alle großen sozialen Institutionen aus der Religion geboren wurden«. (Durkheim 1981, 560) Hermann Lübbe konstatiert ebenfalls den engen Zusammenhang zwischen Religion und Kultur in unserer heutigen Gesellschaft. (Vgl. Lübbe 1986, 213) Und Hubert Knoblauch spricht in seinem Vorwort zu Thomas Luckmanns Buch *Die unsichtbare Religion* von Säkularisierung, Verlagerung der Religion oder von vagabundierender Religiosität (vgl. Luckmann 1991, 18 und 24) bzw. davon, dass »das Religiöse selbst der Kern des Sozialen« sei (vgl. Luckmann 1991, 13).

Ich will nun punktuell nachweisen, dass die Aufklärung in moralischer Hinsicht Erbin des Christen- und Judentums geworden ist. Dies zeige ich zunächst für den zentralen Wert der Aufklärung, den der Gleichheit, der von der amerikanischen Unabhängigkeitserklärung aus in spätere Verfassungen, sowohl in Nordamerika als auch auf dem europäischen Kontinent, als ein selbstverständlicher Wert eingegangen ist. In der amerikanischen Unabhängigkeitserklärung heißt es in feierlichem Ton: »All men are created equal.«[9] Diese Formulierung allein verweist auf den christlichen Ursprung, denn wer an-

9 Mit Blick darauf, dass die politischen und juristischen Organe diesen Verfassungsanspruch nie wirklich durchsetzen konnten, sondern im Gegenteil oft verfälscht haben, hat George Orwell den ironischen Zusatz angehängt: »But some are more equal than others.« (Orwell 1951, 90)

ders könnte die Menschen geschaffen haben als Gott? »Nach christlicher Überzeugung [waren] die Menschen durch ihre unsterbliche Seele, ihr Wesen, einander gleich.« (Mensching 1995, 139)

Zunächst zur Gleichheit. Später will ich auf die Werte der Autonomie bzw. Freiheit eingehen, ohne die die Aufklärung nicht Aufklärung gewesen wäre, doch ebenso das Christentum nicht Christentum! Die Gleichheit bildet den Kern der Aufklärungs-Moral. Die Individuen in der Gesellschaft der Neuzeit erheben Anspruch auf Individualität und Autonomie. Diesen Anspruch hat jeder Mensch in gleicher Weise, und er muss von allen gleichermaßen anerkannt werden. Die Herkunft der Gleichheitsidee aus dem Juden- und Christentum kann nachgezeichnet werden. Die Fundstellen in der Bibel betreffen u. a. das Alte Testament, das *Buch der Weisheit*, wo es heißt, dass alle Menschen den »gleichen Eingang zum Leben« haben, und »gleich ist auch der Ausgang« (*Die Bücher der Lehrweisheiten und der Psalmen. Buch der Weisheit* 7, 6).

Im Neuen Testament überbringt Paulus durch seine Briefe die Botschaft von der Gleichheit. An die Philipper schreibt er: »Seid untereinander so gesinnt, wie es dem Leben in Christus entspricht: Er war Gott gleich, hielt aber nicht daran fest, wie Gott zu sein, sondern er entäußerte sich und wurde wie ein Sklave und den Menschen gleich.« (*Die Paulinischen Briefe. Der Brief an die Philipper* 2, 5 ff.) Paulus sieht im ersten *Korintherbrief* keinen Unterschied zwischen den verschiedenen Völkern. Vor Gott sind die Menschen der verschiedenen Völker gleich: »Durch den einen Geist wurden wir in der Taufe alle in einen einzigen Leib aufgenommen, Juden und Griechen, Sklaven und Freie; und alle wurden wir mit dem einen Geist getränkt.« (*Die Paulinischen Briefe. Der 1. Brief an die Korinther* 12, 13) Und ganz ähnlich heißt es im *Brief an die Galater*: »Es gibt nicht mehr Juden und Griechen, nicht Sklaven und Freie, nicht Mann und Frau; denn ihr alle seid ›einer‹ in Christus Jesus.« (*Die Paulinischen Briefe. Der Brief an die Galater* 3, 28)

Emphatisch hat der junge Reformator Martin Luther 1523 diesen Gedanken vertreten: »Unter den Christen soll und kan keyn uberkeyt seyn, Sondern eyn iglicher ist zu gleych dem andern unterthan, wie Paulus sagt Ro: .12. ›Eyn iglicher soll den andern seynen ubersten hallten.‹ Und Petrus 1. Pet: .5. ›Seyt allesamt unternander unterthan.‹ Das will auch Christus. Luce 14. ›Wenn du zur hochzeyt geladen wirst, so setze dich aller unterst an.‹ Es ist unter den Christen keyn uberster denn nur Christus selber und alleyn. Und was kan da fur uberkeyt seyn, da sie alle gleych sind und eynerley recht, macht, gut und ehre haben? datzu keyner begerd des andern uberster zu seyn, sondernn iglicher will des andern unterster seyn. Kund man doch, wo solch leutt sind, keyn uberkeyt auffrichten, ob mans gerne thun wolt, weyl es die art und natur nicht leydet, ubersten haben, da keyner uberster seyn will noch kan. Wo aber nicht solch leutt sind, da sind auch nicht rechte Christen.« (Luther 1900, 270f.)

Die von dem Gleichheitsgedanken ausgehende sozialrevolutionäre Wirkung lebte im Bauernkrieg fort. In den im Jahre 1525 in Oberschwaben entstandenen zwölf Artikeln, die die Forderungen der Bauern festlegten und sehr schnell verbreitet wurden – Wilhelm Zimmermann nennt sie »ein religiös-politisches Glaubensbekenntnis« –, heißt es u. a.: »Zum dritten ist es der Brauch gewesen, daß man uns für Eigenleute gehalten hat, welches zum Erbarmen ist, angesehen, daß uns Christus alle mit seinem kostbaren vergossenen Blut erlöst und erkauft hat [...], den niederen Hirten ebensowohl als den Allerhöchsten, keinen ausgenommen.« (Zimmermann 1952, 326)

Die Bibel enthielt genügend Hinweise auf die Gleichheit der Menschen vor Gott, so dass die Bauern sich jederzeit in ihren Forderungen darauf berufen konnten. In der Wortwahl Theodor Mommsens offenbart sich auch noch 300 Jahre nach dem Bauernkrieg der christliche Ursprung des Gleichheitsgedankens: »Ihr kennt es alle, das demokratische Evangelium, *Gleichheit vor dem Gesetze!* Hört es und bewahrt es wohl, ihr habt darin den Kern der Freiheit.« (Mommsen 1849, 16)

Für diesen zentralen Wert der Aufklärung habe ich seinen Ursprung im christlichen Denken aufgezeigt. Das Gleichheitsprinzip ist uns heute so zur Selbstverständlichkeit geworden, dass Ernst Tugendhat zufolge derjenige, der Ungleiches fordert, Gründe dafür angeben und genau bezeichnen muss, »wie viel« vom Mehr oder Weniger er meint. »Die ausgezeichnete Stellung der Gleichheit ergibt sich daraus, daß sie die einfachste Verteilungsregel ist.« (Tugendhat 1993, 374) Das mag mit ein Grund für die bis heute selbstverständliche Anerkennung des Gleichheitsprinzips zu sein. Das gilt in der gegenwärtigen Gerechtigkeitsdiskussion allerdings nicht mehr so unbestritten. (Vgl. dazu Horster 2002, 164–182) Manche Philosophen sind der Auffassung, dass besonders Benachteiligte mehr bekommen müssen als andere, wie beispielsweise der Querschnittsgelähmte, der einen Rollstuhl und ein speziell gefertigtes Fahrzeug zum Zweck seiner Mobilität benötigt. Unter vergleichbaren Bedingungen müsse das allerdings für alle gelten. Gerechtigkeit bedeutet für einige Philosophen nicht mehr distributive Gleichheit, sondern Anerkennung des Prinzips der gleichen Achtung und Rücksicht, wie Elizabeth Anderson es nennt. (Vgl. Horster 2002, 173)
Das Gleichheitsprinzip liegt sowohl der goldenen Regel wie dem Verallgemeinerungsprinzip und dem kategorischen Imperativ zugrunde. Das zentrale Moralprinzip der Aufklärungsphilosophie, der kategorische Imperativ, hat seine Wurzeln in der goldenen Regel, die erstmals im Alten Testament in negativer Formulierung aufzufinden ist (so auch Benhabib 1995, 44): »Was dir selbst verhaßt ist, das mute auch einem anderen nicht zu!« (*Die Bücher der Geschichte des Volkes Gottes. Das Buch Tobit* 4, 15) In den Schriften anderer Religionen gibt es ebenfalls Formulierungen, die der goldenen Regel ähneln. (Vgl. Küng 1992, 84) Die positive Formulierung im Neuen Testament lautet: »Was ihr von anderen erwartet, das tut ebenso auch ihnen.« (*Die Evangelien. Lukas* 6, 31) Und: »Alles, was ihr also von anderen erwartet, das tut auch ihnen.« (*Die Evangelien. Matthäus* 7, 12)

Vergleichbare Postulate finden sich schon vor Kants kategorischem Imperativ in anderen philosophischen Schriften. Und auch nach Kants Kreierung des kategorischen Imperativs liegt der Gedanke der goldenen Regel anderen universalistischen Moralkonzeptionen ebenfalls zugrunde. (Vgl. die Auflistung bei: Singer 1984, 21f.)

In der philosophischen Tradition wurde die goldene Regel von Samuel Pufendorf in seinem Werk *De Jure Naturae et Gentium Libri octo* von 1672 aufgegriffen und diskutiert. Die Diskussion wurde von nun an kontinuierlich fortgeführt, zunächst 1688 von Christian Thomasius in *Institutiones Jurisprudentiae Divinae* und später von vielen anderen. (Vgl. Hruschka 1987, 944)

Das Prinzip der Verallgemeinerung taucht in der philosophischen Diskussion der Neuzeit erstmals um die Wende vom 17. zum 18. Jahrhundert auf. »Im Deutschland der ersten Hälfte des 18. Jahrhunderts wird es mit dem Namen des Wittenberger Rechtslehrers Johann Balthasar Wernher verknüpft, und es spricht viel dafür, daß die sogleich wiederzugebenden Regeln tatsächlich von Wernher formuliert worden sind. [...] ›Was so beschaffen ist, daß, wenn es von allen Menschen unterlassen würde, dem menschlichen Geschlecht den Untergang brächte, das ist durch das Gesetz der Natur von Gott geboten, und was so beschaffen ist, daß, wenn es von allen Menschen getan würde, dem menschlichen Geschlecht den Untergang brächte, das ist von Natur aus von Gott verboten.‹ Diese Regeln, die auf dem Gleichheitssatz aufbauen – Was dem einen erlaubt ist, ist auch allen anderen erlaubt! –, werden in der zweiten Auflage der *Elementa* von 1720 wörtlich und in Wernhers Pufendorf-Kommentar von 1721 mit gewissen Ergänzungen wiederholt.« (Hruschka 1987, 945)

Das Wernhersche Prinzip wird von Gottfried Achenwall, auf den Kant sich bezieht, übernommen. Zwischen 1767 und 1788 hält Kant regelmäßig ein Kolleg über Achenwalls Naturrecht, in dem er dieses Prinzip aufgreift. »Für Kant hat der kategorische Imperativ seit 1785 dieselbe Funktion, die für Thomasius

die goldene Regel und für Wernher das Prinzip der Verallgemeinerung gehabt haben.« (Hruschka 1987, 950) Es sind die alles menschliche Handeln fundierenden Prinzipien, die in den kategorischen Imperativ eingegangen sind. Er enthält Elemente der goldenen Regel und des Verallgemeinerungsprinzips: »Handle so, daß die Maxime deines Willens jederzeit zugleich als Prinzip einer allgemeinen Gesetzgebung gelten könne«, formulierte Kant. (*KpV* A 54) Das Prinzip der Wechselseitigkeit der goldenen Regel ist im kategorischen Imperativ ebenso enthalten wie die Verallgemeinerungsregel, denn das Prinzip der Verallgemeinerung soll Grundlage eines allgemeinen Gesetzes sein, das für alle gilt. Allerdings konstatiert Kant, dass der kategorische Imperativ der gemeinen Menschenvernunft doch nicht so eingängig ist wie die goldene Regel oder das Verallgemeinerungsprinzip. (Vgl. Hruschka 1987, 950f.)
Nun will ich noch zeigen, dass Freiheit und Autonomie, die Basisbegriffe aller Moralkonzepte der Aufklärung und Nachaufklärung, aus christlicher Tradition stammen. Freiheit ist der grund- und bestandgebende Wert für alle neuzeitlichen Moralauffassungen. Jeder Mensch beansprucht, als autonomes Individuum anerkannt zu werden. Gleichzeitig muss er alle anderen in derselben Weise als autonome Individuen anerkennen. Diese wechselseitige Anerkennung der Autonomie der Individuen ist - gerade in einer Gesellschaft mit zunehmender Individualisierung - gefordert.
Darum ist nun zu fragen, was Autonomie bzw. Freiheit im Christentum bedeutet. Und weiter ist natürlich zu fragen, ob die christliche Freiheitskonzeption der Auffassung von Freiheit in der Aufklärung entspricht. Theologen (vgl. Rienecker 1960, Sp. 411; Simmer/Stählin 1957, 52 und 284; Pannenberg 1991, 73) berufen sich bei der Begründung der Freiheit für den Christenmenschen auf das 1. Buch Mose, in dem zu lesen ist, dass Gott den Menschen nach seinem Ebenbilde schuf (*Die fünf Bücher des Mose* 1, 27). Für die Freiheit bedeute das, dass der Mensch einen annähernd freien Willen wie Gott habe, der

– folgt man dem Epheserbrief des Paulus – »alles so verwirklicht, wie er es in seinem Willen beschließt«. (*Die Paulinischen Briefe. Der Brief an die Epheser* 1, 11)

Über einen weit verzweigten Weg ist das Menschenrecht der Freiheit in die Verfassung der französischen Nationalversammlung eingegangen und von dort in alle modernen Verfassungen. Das Menschenrecht auf Freiheit stammt ursprünglich aus den Verfassungen und der Unabhängigkeitserklärung der nordamerikanischen Staaten. In letzterer werden folgende unveräußerlichen Rechte genannt: »Life, Liberty and the Pursuit of Happiness.« »In den nordamerikanischen Staaten selbst aber leitete er [d. i. der Staatsrechtler G. Jellinek] diese Deklarationen aus deren puritanisch-religiösen Prinzipien ab, die sich nicht bloß mit der alten praktischen Geltung der englischen Freiheit begnügten, sondern die Freiheit der Person und vor allem der religiösen Überzeugung als ein von Gott und Natur prinzipiell verliehenes Recht betrachteten, das seinem Wesen nach keine Staatsgewalt antasten darf. Erst mit dieser religiösen Fundamentierung sind jene Forderungen absolut und dadurch einer prinzipiellen juristischen Erklärung fähig und bedürftig geworden. Erst so gelangten sie in das Staatsrecht als Grundlehre und nahmen ihren Weg aus den nordamerikanischen Staatsverfassungen in die französische und aus dieser in fast alle modernen Verfassungen überhaupt.« (Troeltsch 1964, 351)

Ernst Troeltsch vertritt die Auffassung, dass es weniger die Puritaner waren, die dafür sorgten, dass die Freiheit der Person in die Verfassungen aufgenommen wurde, als vielmehr die Baptisten und Quäker: »Der Vater der Menschenrechte ist also nicht der eigentliche kirchliche Protestantismus, sondern das von ihm gehaßte und in die Neue Welt vertriebene Sektentum und der Spiritualismus. [...] Das nordamerikanische Täufer- und Quäkertum entstammt der großen religiösen Bewegung der englischen Revolution.« (Troeltsch 1964, 353) Diese Differenz soll uns hier jedoch nicht weiter beschäftigen. Wichtig hingegen ist die Feststellung, dass die Menschenrechte im neuen Amerika religiösen Bewegungen entsprungen sind. Troeltsch folgert weiter: »Hier wurzelt die altliberale Theorie von der Unantastbarkeit des persönlich-inneren Lebens durch den Staat, welche dann nur weiter auch auf mehr äußerliche Dinge ausgedehnt wurde. [...] [Diese Idee] ist zunächst ein religiöser Gedanke. Er ist dann säkularisiert und von der nationalistischen, skeptischen und utilitaristischen Toleranzidee überwuchert worden. Er hat auf dem Kontinent einen rein rational-aufklärerischen Unterbau erhalten. Aber seine Wurzeln liegen in der englischen Revolution. Sie hat mit ihrer religiösen Wucht der modernen Freiheit die Bahn bereitet.« (Troeltsch 1964, 354)

Sehen wir uns bei den Kirchenvätern, bei Augustinus und bei Thomas von Aquin, nach deren Freiheitsauffassung um. »Selbsterkenntnis schließt nach Augustinus immer das Wissen des eigenen Willens (voluntas) [...] mit ein. [...] In der Analyse dieses Gedankens gelangt Augustinus zu der für die Philosophiegeschichte entscheidenden Entdeckung der Willensfreiheit. Das Beispiel seiner Bekehrung [...] gibt ihm die Erfahrungsbasis für diese Erkenntnis.« (Schöpf 1970, 65) Für Augustinus bedeutet das Bewusstwerden des eigenen Willens, dass der Wille auf sich selbst zurückkommen und wählen kann. Der Mensch kann zwischen Gut und Böse wählen. Er könnte sich somit nach Augustinus für das Böse entscheiden. Mit dieser Option hat Augustinus zunächst keine Schwierigkeiten. »Dennoch scheint er [der Mensch] aber nur dann wirklich frei zu sein, wenn er sich dem göttlichen Willen unterwirft, indem er sich entscheidet, das Gute zu wollen, weil Gott es will, nicht weil er selbst es will.« (Pieper 1997, 83) Der gute Wille ist nach Augustinus das Werk Gottes, und der »wirklich« freie Wille ist der, der den Sünden entsagt und Fehler vermeidet.

Die Gegensätzlichkeit von Gut und Böse stellt das zentrale Thema der Kirchenväter im Mittelalter dar. Sie fragen nach der Ursache des Bösen. Der freie Wille des Menschen ist von Gott geschaffen, der den Menschen mit seinem freien Willen nach seinem Bild schuf. Demnach kann der freie Wille selbst nicht schlecht sein. Doch: »Das Wollen selbst [...] steht ganz in unserer Macht. Das bedeutet: Man kann uns nicht einen Willen zugestehen und gleichzeitig die Fähigkeit bestreiten, uns zu bestimmten Zielen selbst zu bestimmen. Wenn Gott dem Menschen einen Willen gab, bedeutet dies, daß er sich von sich her bestimmten Gütern zuwenden kann.« (Flasch 1980, 106) An dieser Stelle nun spricht Augustinus die irdischen Kontingenzen an: »So tritt uns zum Beispiel die Gestalt einer schönen Frau entgegen und bewegt uns zur Lust der Unzucht. Aber wenn uns die innere und reine Gestalt der Keuschheit größere Lust gewährt, durch die Gnade, die im Glauben Christi liegt, dann leben und handeln wir nach ihr.« (Augustinus, zitiert nach Flasch 1980, 106) Um dem Bösen zu entgehen, muss zur Willensfreiheit der Intellektualismus oder die Vernunft hinzutreten, um den Verlockungen zu widerstehen und zu erkennen, dass »die Keuschheit größere Lust gewährt. [...] Die freie Handlung ist ein Letztgegebenes, ein erster Anfang.« (Flasch 1980, 106f.) Hier sehen wir eine ähnliche Figur wie bei Kant, der die wechselseitige Bedingtheit von Freiheit und dem Grundgesetz der praktischen Vernunft zum Thema seiner Philosophie gemacht hat. Nur dass bei Augustinus die Wurzel für das Grundgesetz oder die »gesetzgebende Instanz« (Pieper 1997, 85) Gott ist, und bei Kant ist es die Vernunft. »An die Stelle der göttlichen Autorität [...] [tritt der] Vernunftbegriff.« (Pauer-Studer 1996, 12)

Für den zweiten großen Kirchenlehrer, für Thomas von Aquin, ist dem Menschen die Willensfreiheit ebenfalls von Gott gegeben. (Vgl. Kluxen 1980, 209) Er nimmt wie Augustinus die wechselseitige Bedingtheit von Vernunft und Freiheit an: »Im Zusammenwirken von Vernunft und Wille entsteht Moralität; die moralische Selbstbestimmung des Menschen ist keine andere als die aus ›Freiheit‹.« (Kluxen 1980, 205) Für Thomas ist die Freiheit ebenfalls Voraussetzung oder »grundlegendes Charakteristikum« (Kluxen 1980, 206) moralischen Handelns. Auch für Thomas gilt, wie früher für Augustinus und später für

Kant, dass ein Wesen frei ist, insofern es vernünftig ist. »Von einer ›freien‹ Entscheidung kann erst dann die Rede sein, wenn das Handeln auf Grund eines Vernunfturteils geschieht, bei dem, aus der allgemeinen Erschlossenheit des Guten überhaupt, von diesem oder jenem, das sich als ›tubar‹ zeigt, geurteilt wird, daß es gut sei. Dies Urteil über das je besondere zu Tuende ist dem Vernunftwesen nicht vorgezeichnet, sondern ergibt sich aus der Überlegung, die Vergleichungen anstellt und auch zu einem anderen Ergebnis als dem je tatsächlichen führen könnte. [...] Freie Entscheidungsmacht hängt also vollständig von der Vernunft ab, und umgekehrt ist sie dort immer gegeben, wo Vernunft gegeben ist. Der Mensch ist ›frei‹ eben deshalb, weil er Vernunftwesen ist.« (Kluxen 1980, 207) Hier sehen wir bei dem Kirchenvater Thomas dieselbe Figur wie bei dem Aufklärer Kant. In der *Kritik der praktischen Vernunft* heißt es: »Freiheit und unbedingt praktisches Gesetz weisen also wechselweise auf einander zurück.« (*KpV* A 52) Was bedeutet das? Die Unabhängigkeit von äußeren Einflüssen ist Freiheit im negativen Verstande. Das ist die Freiheit, die ich voraussetzen muss, damit der kategorische Imperativ formuliert werden kann. Es ist die Freiheit von fremden Einflüssen. Der positive Begriff der Freiheit kommt durch den kategorischen Imperativ zustande. Er garantiert und festigt gleichermaßen die Autonomie des Menschen. Autonomie heißt, dass ich ohne die Hinzuziehung oder ohne gar das Hineinreden anderer Ursachen nur unter Anleitung des kategorischen Imperativs, den ich mir als Handlungsregel selbst gegeben habe, frei bestimmen kann. Das ist Freiheit im kantischen Sinne.

Und bei Thomas von Aquin heißt es: »Denn wir gelten insofern als frei, als wir das eine annehmen und das andere ablehnen können, was soviel ist als Wählen, und deshalb muß man die Natur der Freiheit zu erkennen suchen, indem man von dem Begriff der Wahl ausgeht. Bei der Wahl trifft aber etwas von seiten des erkennenden und etwas von seiten des strebenden Vermögens zusammen. Von seiten des erkennenden Vermögens ist die Überlegung erforderlich, durch die entschieden wird, was dem anderen vorzuziehen ist.« (Rolfes 1970, 94) Thomas versucht überdies - ebenso wie später Kant - der Freiheit in der Wirklichkeit einen Platz zu geben, indem er sich mit der These von Johannes von Damaskus auseinander setzt, der die Freiheit als ein nur erkennendes Vermögen kennzeichnet, als rein kognitives Vermögen demnach. Dies sieht nicht nur Thomas, sondern auch Kant anders, der sagt, dass die Freiheit die *ratio essendi* des moralischen Gesetzes sei, das moralische Gesetz dagegen die *ratio cognoscendi* der Freiheit. (*KpV* A 5) So früher schon Thomas: »Die Freiheit des Menschen ist eine Eigenschaft seines strebenden, nicht seines erkennenden Vermögens.« (Rolfes 1970, 93) Freiheit soll nach Thomas nicht rein intelligibel bleiben, sondern Wirklichkeit werden. Der Freiheit diesen Weg zu eröffnen, galt desgleichen Kants ganze Anstrengung. Die Freiheit, die die moralische Autonomie begründet, geht - wie ich gezeigt habe - auf das Christentum zurück.

Doch in welchem Verhältnis steht die menschliche Freiheit zur göttlichen Ordnung? Wie dieses Verhältnis von Thomas von Aquin gesehen wird, beschreibt Günther Mensching: »Der menschliche Verstand bildet [...] die ideale Ordnung ab, der er als göttlichem Gebot folgen muß. Durch seinen Verstand sieht der Mensch hiernach seine eigene Abhängigkeit vom göttlichen Gebot ein, ist also gerade durch die Betätigung seiner Rationalität unfrei. Denn durch die Einsicht in seine Stellung im Universum wird der Mensch sich bewußt, ein Untertan Gottes zu sein. Diese Apologie einer durch Schöpfung und Offenbarung gestützten Herrschaft steht indessen im Widerspruch zur Lehre von der Autonomie des Handelns, die ebenso durch die vernünftige Einsicht garantiert ist. Das seiner selbst bewußte Wesen ist frei von bloßer Determination und kann die Ziele seines Handelns aus eigenem Antrieb wählen: ›Die vernunftbegabte Kreatur untersteht der göttlichen Vorsehung in der Weise, daß sie nicht nur von dieser gelenkt wird, sondern auch den Sinn der Vorsehung irgendwie erkennen kann. Daher kommt es ihr auch zu, selbst wieder für andere Dinge Vorsorge zu treffen und dieselben zu lenken, was bei den übrigen Kreaturen nicht der Fall ist, die an der Vorsehung nur insofern teilhaben, als sie derselben schlechthin unterstehen. Dadurch aber, daß jemand die Fähigkeit besitzt, selbst Vorsorge zu treffen, kann er auch seine eigenen Tätigkeiten lenken und regieren.‹« (Mensching 1995, 142f.)

Natürlich ist diese Auffassung von Freiheit nicht bei allen Kirchenlehrern in so durchgängiger Linie aufzufinden. Wie ich oben schon andeutete, ist die Freiheitsbewegung im neuen Amerika, die die Freiheit der Person in alle der Aufklärung verpflichteten Verfassungen brachte, aus der Opposition gegen die protestantische Mutterkirche entstanden.

Objektive und universelle moralische Regeln

Wenn die moralischen Regeln über Tausende von Jahren gelten, bedeutet das, dass es sich um objektive Werte handelt? Ich meine ja. Der zuletzt diskutierte Gleichheitssatz oder das Freiheitsrecht haben bei uns unbestrittene Geltung. Regeln, die aus dem Dekalog stammen, wie die, dass man andere Menschen weder umbringen noch durch Lügen ihr Ansehen schädigen soll, dass man nicht stiehlt oder dass man die Verantwortung für das Wohlergehen seiner alten Eltern übernimmt, gelten für uns so selbstverständlich wie mathematische Wahrheiten. Solche Regeln sind nur dann moralische Regeln, wenn sie für alle Individuen gleichermaßen verbindlich sind. Aber kann es solche Verbindlichkeiten und eine gemeinschaftsstiftende Moral in einer Gesellschaft mit steigender Individualisierungstendenz überhaupt noch geben? Dass es diese Verbindlichkeiten gibt, hatte ich unter Bezugnahme auf Beobachtungen von Tom Ziehe und Walter Herzog (vgl. Herzog 2002, 489) bereits gesagt; beide hatten festgestellt, dass für Jugendliche Fairnessregeln kategorisch gelten. Was sind nun eigentlich solche objektiven moralischen Regeln, die in Zeiten der zunehmenden Individualisierung unbedingt anerkannt werden und somit gemeinschaftsstiftend wirken?

Ich will eine Antwort zu geben versuchen, indem ich von Sachverhalten ausgehe, deren moralische Bewertung umstritten ist. In den vergangenen Jahren waren bei uns Fragen, ob Abtreibung erlaubt oder aktive Sterbehilfe zulässig ist, Gegenstand lebhafter öffentlicher Diskussionen. Gegenwärtig wird diskutiert, ob man menschliche Embryonen zu Forschungszwecken verbrauchen darf oder ob Präimplantationsdiagnostik erlaubt ist. Wir gehen im Alltag davon aus, dass es richtige Antworten auf solche Fragen gibt. Spricht hingegen die – sogar in den Boulevardmedien geführte – kontroverse Diskussion nicht dafür, dass es keine richtigen Antworten auf moralische Fragen geben kann? Das muss nach Ansicht von Nonkognitivisten bejaht werden. Nonkognitivisten sind im Gegensatz zu den Kognitivisten nicht der Auffassung, dass man Antworten auf moralische Fragen finden kann, vergleichbar etwa mit Antworten im naturwissenschaftlichen Bereich, wo man rein kognitiv vorgeht. Bekannte zeitgenössische Nonkognitivisten sind Alfred J. Ayer, Simon Blackburn, Allan Gibbard, Richard M. Hare, John Leslie Mackie, Charles L. Stevenson. Erste Vertreter waren wohl Epikur, David Hume, Thomas Hobbes und Max Weber.

Eine normative Aussage, wie »Arbeitslose müssen unterstützt werden«, ist nach Ansicht von Nonkognitivisten keine Tatsachenfeststellung, sondern je nach Präferenz richtig oder falsch. Der Nonkognitivist Charles L. Stevenson nennt ein Beispiel dazu: »A ist ein mitfühlender Mensch und B nicht. Sie diskutieren darüber, ob eine öffentliche Arbeitslosen-Unterstützung gut wäre. Nehmen wir einmal an, sie hätten alle Auswirkungen der Arbeitslosen-Unterstützung ausfindig gemacht. Ist es nicht trotzdem möglich, daß A sagen wird, sie sei gut, und B, sie sei es nicht? Die Divergenz in der Einstellung mag nicht durch das begrenzte Tatsachenwissen, sondern einfach durch As Mitgefühl und Bs Kälte entstehen. Oder, eine andere Version des Beispiels: A ist arm und arbeitslos und B ist reich. Hier könnte es wiederum sein, daß die Divergenz nicht auf unterschiedlichem Tatsachenwissen beruht. Sie würde auf der unterschiedlichen sozialen Stellung der Männer beruhen, in Verbindung mit ihren vorherrschenden Eigeninteressen.« (Stevenson 1974, 134) Jemand könnte nach Ansicht der Nonkognitivisten entsprechend seines Kontextes mit guten Gründen argumentieren, dass Arbeitslose unterstützt werden müssten, und ein anderer mit ebenfalls guten Gründen, dass Arbeitslose keine öffentliche Zuwendung bekommen sollten. Welche der beiden Positionen richtig oder falsch ist, kann nach Auffassung der Nonkognitivisten nicht bestimmt werden, weil es sich nicht um eine Frage von unterschiedlichem Tatsachenwissen handle bzw. weil es keine objektiven Werte gebe. Darum könne man, sagt der Nonkognitivist Alfred J. Ayer, keinen von beiden anklagen, etwas Falsches zu sagen. (Vgl. Ayer 1981, 154) Dennoch müssten die Menschen mit unterschiedlichen moralischen Ansichten auf Konsens aus sein, wie der Nonkognitivist Simon Blackburn schreibt: »Um zu einer Zusammenarbeit zu kommen, sollten wir die Angelegenheit gemeinsam verfolgen, um am Ende eines Sinnes in Bezug auf die Lösung zu sein.« (Blackburn 2004, 136) Es gibt aber nach Ansicht der Nonkognitivisten keine unbezweifelbar richtige Antwort auf die Frage.

Das lässt uns unbefriedigt zurück, zumal der moralische *common sense* Einfluss auf die rechtliche Normierung nimmt. Der Änderung des Abtreibungsparagraphen und der Verfassungsgerichtsentscheidung vom 28. Mai 1993 ging eine lange öffentliche Moraldiskussion voraus.[10] Darum noch einmal: Gibt es tatsächlich keine richtigen Antworten auf moralische Fragen? Im Alltag glauben wir, dass bestimmte moralische Ansichten richtig oder falsch sind. Für Nonkognitivisten ist die Annahme der Möglichkeit von richtigen Antworten allerdings ein unrealistisches Wunschbild.

Dass die Moraldiskussion in den vergangenen »drei Jahrzehnten durch die Blüte kognitivistischer Theorien gekennzeichnet« (Tarkian 2003, 92) war, lässt die Hoffnung aufkeimen, dass wir vielleicht doch einen Weg finden können, zu richtigen Antworten auf moralische Fragen zu kommen. Wir wollen uns deshalb einmal aktuelle metaethische Positionen daraufhin ansehen, ob es sich bei ihnen um illusorische Theorien handelt, in denen der Versuch unternommen wird, den Weg

10 Auf diesen Zusammenhang von Recht und Moral werde ich unten im Kapitel »Recht« in den beiden Abschnitten »Der Zusammenhang von Recht und Moral« und »Das Verhältnis von Recht und Moral« noch genauer eingehen.

aufzuzeigen, auf dem man zu richtigen Antworten auf moralische Fragen kommen kann. Es handelt sich im Folgenden um eine metaethische Abhandlung, bei der die Frage im Mittelpunkt steht, auf welch unterschiedlichen Wegen man zu Antworten auf moralische Fragen kommen kann. Kognitivisten und Nonkognitivisten könnten durchaus zu derselben Antwort auf eine der oben gestellten moralischen Fragen kommen, allerdings auf jeweils anderem Wege. Ich halte metaethische Erörterungen für dringend erforderlich, um der Gefahr zu entgehen, sich im Dschungel von Meinungen über moralische Entscheidungen zu verlieren. Metaethische Überlegungen sind deshalb sinnvoll, weil sie »die strukturellen Bedingungen aufweisen [können], die plausible normativ-ethische Ansätze erfüllen müssen. Die metaethische Reflexion ist unabdingbar für die Ethik, denn sie weist die Richtung, die unser Nachdenken über das Rechte und Gute nehmen muss.« (Pauer-Studer 2003, 201)

Für Vertreter des Kognitivismus ist es lediglich ein Erkenntnisproblem, auf moralische Fragen eindeutige Antworten geben zu können. Vertreter dieser Richtung sind der Auffassung, dass der Bereich des Sittlichen wissenschaftlicher Erkenntnis zugänglich ist und es in diesem Bereich wahre und objektive Urteile gibt. Klassische Kognitivisten sind Sokrates, Platon, Aristoteles, Thomas von Aquin und Kant. Als Begründer des modernen Kognitivismus gelten wohl George Edward Moore und William D. Ross. Die derzeit vielleicht bekanntesten Kognitivisten sind Jonathan Dancy, John McDowell, David McNaughton, Thomas Nagel, Hilary Putnam, Joseph Raz, Thomas Scanlon, Peter Schaber.

Bereits der Sokrates der Platonischen Dialoge war der Auffassung, dass man das Gute er-kennen könne und dass jeder danach strebe, »es zu gewinnen und für sich zu haben«. (*Philebos* 20d) Die Erkenntnis führe zur Fähigkeit der Unterscheidung »aller Güter und Übel«. (*Laches* 199c) Gäbe es so jemanden, der das Gute erkennt, wäre er damit allen anderen überlegen, die immer nur irrlichtern. »Denn gerade so verhielte sich auch dieser zu den anderen, wie zu Schatten ein wirkliches Ding, in Beziehung auf die Tugend.« (*Menon* 100a) Wenn jemand das Gute erkennt, dann würde er auch danach handeln, war die Überzeugung des Sokrates. Für Aristoteles war das Gute ebenfalls erkennbar. (Vgl. *Nikomachische Ethik* 1094a 1–3)

Im Folgenden will ich diese beiden Positionen – wie angekündigt – diskutieren. Es lohnt sich, denn man muss David McNaughton zustimmen, wenn er behauptet, dass der moralische Kognitivismus »und der Nonkognitivismus die zwei plausibelsten Theorien über die Natur der Ethik« sind, die wir gegenwärtig haben. (McNaughton 2003, 24)

Jürgen Habermas will eine Zwischenstellung einnehmen. Er lehnt den Nonkognitivismus ab (Habermas 1999, 273) und will mit seiner Diskursethik die Vorteile des Kognitivismus einholen. Er spricht in diesem Zusammenhang vom »transzendentalen Schein eines moralischen Realismus« (Habermas 1999, 317), der dem Alltagsverständnis nahe komme, denn »vergesellschaftete Individuen [seien] im täglichen Umgang miteinander [...] auf ein naiv für gültig gehaltenes ›Wissen‹ von Werten angewiesen«. (Habermas 1999, 317) Meines Erachtens nimmt Habermas eine ähnliche Position ein wie John Leslie Mackie, wenn er im Rahmen der Erläuterung seiner Diskursethik von »intersubjektiv geteilter normativer Überzeugung« (Habermas 1999, 295) spricht. Habermas ersetzt wie John Leslie Mackie Objektivität durch Intersubjektivität. Auf John Leslie Mackie werde ich zurückkommen.

Internalistische Nonkognitivisten

Für Nonkognitivisten, deren Position ich mich zuerst zuwende, gibt es nur normative moralische Urteile: Ein Abtreibungsgegner ist der Auffassung, dass Abtreibung verboten ist. Er fordert von sich selbst und anderen »entsprechende Verhaltensweisen«. (Mackie 1981, 50) Normative Urteile sind Verpflichtungsurteile. Derjenige, der sie äußert, ist nicht nur subjektiv überzeugt davon, sondern lebt zudem danach. »Wer aufrichtig ein moralisches Verpflichtungsurteil äußert, der sei notwendigerweise motiviert, die als richtig, geboten oder gesollt bezeichnete Handlung auszuführen.« (Tarkian 2003, 93) Wir nennen diese Position motivationalen Internalismus. Der notwendigen Verknüpfung von moralischen Überzeugungen, Handlungsgründen und Handlungsmotiven kann der internalistische Nonkognitivist besser Rechnung tragen als der Kognitivist (vgl. Schaber 2001, 472), denn der Nonkognitivist vertritt die Auffassung, dass Moralfragen »aus dem Inneren unserer moralischen Einstellungen [...] heraus beantwortet werden«. (Blackburn 2004, 140) Nach Auffassung der motivationalen Internalisten handelt man moralisch, weil man eine bestimmte Handlungsregel für begründet und richtig hält: »If an agent believes she has reason to A, then she is motivated to A.« (Garrard/McNaughton 1998, 45) »Zwischen moralischen Verpflichtungsurteilen und einer Motivation zum Handeln besteht kein notwendiger, sondern ein normativer Zusammenhang. Wenn es ein moralisches Erfordernis gibt, welches gebietet, eine bestimmte Handlung auszuführen, dann sollte jemand, der dies einsieht, motiviert sein, diese Handlung zu wählen. Wenn es ein moralisches Erfordernis gibt, eine Handlung zu wählen, dann gibt es Überlegungen, die es gebieten, dass wir motiviert sind, dies auch zu tun. Etwas kann ein normatives Erfordernis für uns darstellen, ohne dass wir motiviert sind, entsprechend zu handeln.« (Tarkian 2003, 97)

Externalistische Nonkognitivisten

Im letzten Satz des Zitats wird die Position des nonkognitivistischen Externalisten angesprochen, für den moralische Überzeugung und die Motivation, moralisch zu handeln, nicht konfundiert sind, sondern auseinander gehalten werden müssen. Man kann hier von einem Anschlussmotiv[11] in dem Sinne sprechen, dass man zuerst erkennt, dass man die Überzeugung hat, dass eine moralische Regel gut und richtig ist, und dann das Motiv entwickelt, nach ihr zu handeln. Man kann knapp und dennoch präzise sagen, dass es sich hier um die Spannung von Sollen und Wollen handelt. (Vgl. Pauer-Studer 2003, 181) Für den Externalisten sind Sollen und Wollen zwei verschiedene Perspektiven. Er behauptet, dass man von der Sollensnorm überzeugt sein kann, sie dennoch aber nicht befolgen will.

Der Externalismus, nicht der externalistische Nonkognitivismus, geht auf Kant zurück, der die moralische Richtschnur von dem moralischen Antrieb unterschieden hat. Kant schreibt: »Richtschnur und Triebfeder ist hier zu unterscheiden. Richtschnur ist das principium der diiudication, und Triebfeder principium der Ausübung der Verbindlichkeit. [...] Das oberste principium aller moralischen Beurteilung liegt im Verstande, und das oberste principium alles moralischen Antriebes liegt im Herzen. [...] Dieses principium des Antriebes kann nicht mit dem principio der Beurteilung verwechselt werden. Das principium der Beurteilung ist die Norm und das principium des Antriebes die Triebfeder. Die Triebfeder ver-

11 Auf diesen treffenden Begriff, der in der Psychologie gebräuchlich und anerkannt ist, machte mich meine Psychologie-Kollegin Elfriede Billmann-Mahecha aufmerksam. Sie bezog sich dabei auf das 11. Kapitel des Buches *Motivation und Handeln* von Heinz Heckhausen: »Soziale Bindungen: Anschlußmotivation und Intimitätsmotivation«, der sich dort seinerseits auf Henry A. Murrays Buch *Explorations in Personality* bezog.

tritt nicht die Stelle der Norm.« (Kant AA, Band XVII, 1422f.) Neben die Kenntnis einer moralischen Regel und die Zustimmung zu ihr tritt nach Kant das Motiv, nach dieser Regel handeln zu wollen. Bei Kant ist das Motiv allerdings auf die Achtung vor dem moralischen Gesetz, dem kategorischen Imperativ, bezogen. Kant argumentiert folgendermaßen: Der Mensch habe sich dieses Gesetz in Freiheit selbst gegeben. Weil er das getan habe, habe er Achtung vor diesem Gesetz. Würde er dieses Handlungsgesetz, das er sich selbst gegeben hat, verletzen, verlöre er die Achtung vor dem Gesetz und letztlich die Achtung vor sich selbst. Der Mensch ist nach Kant deshalb motiviert, moralisch zu handeln, weil er nicht die Achtung vor sich selbst verlieren will. Kant bindet die Pflicht, nach dem moralischen Gesetz zu handeln, und das Motiv eng aneinander. Nach Ansicht von Günther Patzig bindet er sie zu nah aneinander, so nah, dass keiner auf die Idee kommen könnte, dass es sich hier um eine »gewöhnliche, empirische Triebfeder« handelt. (Vgl. Patzig 1994, 259) Christine Korsgaard geht noch weiter als Patzig und bezeichnet Kant als Internalisten, weil sie meint, dass Motivation und Normativität bei Kant zusammenfallen. (Vgl. Pauer-Studer 2003, 187) Ähnlich wie Kant argumentiert William D. Ross (vgl. Ross 2000, 325); allerdings lässt er, ebenso wie Patzig (vgl. Patzig 1996, 51), neben dem Motiv der Pflicht auch andere Motive gelten: »It does not seem to be correct to say, with Kant, that the addition of any other motive to the sense of duty necessarily makes the motivation of an act less good than it would be without that addition.« (Ross 2000, 325) Der Nonkognitivist Simon Blackburn beispielsweise nennt ein anderes Motiv. Er sagt, dass wir deshalb moralisch handeln, weil wir wissen, dass wir von unserer Gemeinschaft, unserer Umwelt abhängig sind. (Vgl. Blackburn 2004, 9) Ernst Tugendhat gibt ein ähnliches Motiv für moralisches Handeln an. Er meint, wir würden deshalb moralisch handeln, weil wir zur Gemeinschaft dazugehören wollten und nicht ausgestoßen und als Outlaw gebrandmarkt werden wollten. (Vgl. Tugendhat 1997, 123)

Obwohl diese Unterscheidung von *principium diiudicationis und principium executionis* dem philosophischen Kontext bei Kant entsprungen ist, pflichte ich Nida-Rümelin bei, der die Begründung einer moralischen Regel der Philosophie zuweist und das Problem der Motivation der Psychologie. (Vgl. Nida-Rümelin 2001, 13)

Gertrud Nunner-Winkler folgt der kantischen Position seit mehreren Jahrzehnten in ihren verschiedenen empirischen Untersuchungen. Sehen wir uns ein Beispiel aus ihren Untersuchungen an, um das Gesagte zu erläutern. Hinsichtlich verschiedener Einstellungen zeigten sich starke Unterschiede zwischen den Generationen der jetzt 20- bis 30-Jährigen und der Generation der heute 65- bis 75-Jährigen. Die Jüngeren sagen beispielsweise, dass es die persönliche Entscheidung eines jungen Menschen sei, wenn er sich nicht weiterbildet oder wenn er Rauschgift nimmt. »Es ist doch seine eigene Entscheidung, sich zu ruinieren.« Die ältere Generation vertritt weitgehend die Auffassung, dass er sich weiterbilden müsse, denn das sei für die Gesellschaft nützlich, und Rauschgift zu konsumieren, würde der Gesellschaft schaden. So gibt es große Differenzen in Bezug auf eine Ohrfeige ab und zu, Kirchenaustritt, Ausländer, Abtreibung, Selbstmord und zahlreiche andere moralisch zu bewertende Handlungen. Nur eine Regel ist für alle Generationen unbestritten, an die man sich unbedingt halten müsse, nämlich Müll zu trennen. (Vgl. Nunner-Winkler/Nikele 2001, 125) Herr X hält diese Regel für unbestritten richtig. Nichtsdestoweniger räumt er ein: »Dafür jetzt rauszugehen, um das in den gelben Sack zu tun, dazu ist es mir zu kalt. Immerhin messen wir 20 Grad minus. Ich tu die Plastikflasche heute einfach in den Restmüll.« Wir sehen, dass Regelkenntnis, Regelakzeptanz und die Motivation, einer Regel zu folgen, für die externalistischen Nonkognitivisten verschiedene Dinge sind. Herr X handelt in dieser Situation nicht nach seiner Überzeugung. Ihm fehlt die Motivation.

Es scheint mir evident zu sein, dass man eine moralische Regel für richtig halten kann und dennoch nicht motiviert ist, nach ihr zu handeln, sei es aus Willensschwäche, aus Angst oder aus anderen Gründen, z. B. weil man als Moralkritiker sagt: »Ich halte diese Regel für nicht berechtigt.« Im Christentum war moralisch richtiges Verhalten durch den Gehorsam gegenüber Gottes heiligen Geboten motiviert. Die Überzeugung von der Richtigkeit der Gebote und das Motiv, danach zu handeln, fielen zusammen. Günther Patzig sagt im Anschluss an Kant, der – wie ich oben bereits gezeigt hatte – zwischen dem *principium* der Beurteilung einer moralischen Regel und dem *principium* des Antriebes, nach dieser Regel zu handeln, unterschied: »Zweifellos ist die Überzeugung von der Richtigkeit einer Norm *ein guter Grund,* sie zu beachten und entsprechend zu handeln. Aber das reicht nicht als Motivation aus, da Gründe nicht als solche schon Motive sind.« (Patzig 1996, 39) Man kann sich für die heutige Zeit hingegen gut vorstellen, dass jemand davon überzeugt ist, dass es richtig ist, die Umwelt zu schützen und für den öffentlichen Nahverkehr zu bezahlen, um ihn zu fördern, damit dieses Transportsystem ausgebaut und erhalten wird. Dennoch kann er an der U-Bahn-Station in Erwägung ziehen, schwarzzufahren, da ihm der Preis für die nur zwei Stationen überhöht erscheint.

Kognitivismus

Kommen wir zu der Position zurück, die verspricht, richtige Antworten auf normative Fragen geben zu können. Am besten lässt sich der Kognitivismus vorstellen, wenn man ihn als Kritik am Nonkognitivismus einführt. Peter Schaber schreibt: »Wer objektive Werte zurückweist, verpflichtet sich zumindest implizit [...] auf eine Moral, die die Wurzeln unserer *Common-sense*-Vorstellung von Moral tangiert und die in einem so starken Maß von dieser Vorstellung abweicht, dass die sich ergebenden Normen vom *common sense* nicht mehr als moralische Normen anerkannt würden.« (Schaber 2003, 10) Der *common sense* ist eine Möglichkeit, objektive Werte abzustützen. Dieser Gedanke geht auf Henry Sidgwick zurück. (Vgl. Sidgwick 1907, 461 = book IV, ch. IV, § 1) Er fand im *common sense* die Wurzeln objektiver Werte. Er reflektierte allerdings nicht, dass sie einer jahrtausendealten christlichen Tradition zu verdanken sind. (Vgl. Tugendhat 2003, 70) Eine andere Möglichkeit ist der direkte Bezug auf die moralische Intuition, so bei Moore und Ross, und eine dritte die Bezugnahme auf das moralische Gefühl, so wie bei Hume. Gehen wir auf den *common sense* zurück. Warum ist das so, dass objektive Gründe in solch enger Verbindung mit dem *Common-sense*-Gedanken stehen? Ein Grund ist sicher die mehrtausendjährige Tradition, die ich oben aufgewiesen habe, in der grundlegende moralische Regeln unbestritten gelten. Dadurch gibt es moralische Regeln, die uns so selbstverständlich geworden sind wie natürliche Tatsachen. Vittorio Hösle zieht daraus die folgende Konsequenz: »Deshalb bin ich moralischer Realist. Moralische Sätze können wahr sein, ganz ohne Bezug auf faktische historische Meinungen. Der Satz ›Die Vergasung unschuldiger Menschen ist ein Verbrechen‹ ist tatsächlich so wahr wie der Satz ›Zwei mal zwei ist vier‹.« (Hösle 1997b, 248; vgl. dazu Ross 2002, 32) Darum gründen objektive Werte im *common sense*. Man kann den Gedanken des *common sense* meines Erachtens auf die Aristotelische Figur des Habitus zurückführen. Es ist eine wichtige Einsicht des Aristoteles, dass der Mensch dann sittlich gut ist, wenn er den Habitus erlangt, der ihn stets sittlich handeln lässt. Der Mensch lernt die sittlichen Tugenden, im Gegensatz zu den dianoethischen Verstandestugenden, die durch Belehrung gelernt werden, durch Gewöhnung. Damit ist gemeint, dass er die ethischen Tugenden in der Sozialisation, im Umgang mit seinen Bezugspersonen, in der Interaktion lernt. Er gewöhnt sich sozusagen an sittliches Handeln. Die sittliche Tugend »wird uns zuteil durch Gewöhnung, davon hat sie auch den Namen erhalten, der nur wenig von dem Wort Gewohnheit verschieden ist«. (*Nikomachische Ethik* 1103a 17–20) Erinnert sei daran, dass das griechische Ethos mit Gewohnheit, Sitte oder Brauch übersetzt wird.

Aristoteles fährt fort: »Darum werden uns die Tugenden weder von Natur noch gegen die Natur zuteil, sondern wir haben die natürliche Anlage, sie in uns aufzunehmen, zur Wirklichkeit aber wird diese Anlage durch Gewöhnung.« (1103a 24–27) Weil nun diese Tugenden in der Interaktion gelernt werden, werden sie zum Eigenbestand oder, wie Aristoteles sagt, zur Wirklichkeit eines jeden einzelnen Menschen und somit zum *common sense*.

Peter Schaber zieht nun folgenden Schluss: »Der common sense bezieht die Rechtfertigung von moralischen Forderungen auf objektive Gründe, das heißt auf Gründe, die unabhängig von den Wünschen und Interessen der Handelnden bestehen.« (Schaber 2003, 21) Auch für Aristoteles bestehen die ethischen Tugenden nicht für sich allein, sondern sind bezogen auf die dianoethischen Verstandestugenden. Beide Vermögen, die Sittlichkeit und die Vernunft, gehören zusammen. »Der Ausspruch der Vernunft [muss] wahr und das Begehren des Willens recht sein, wenn die getroffene Wahl der Sittlichkeit entsprechen soll, und es muss eines und dasselbe von der Vernunft bejaht und von dem Willen erstrebt werden.« (1139a, 24–27) Der sittliche Habitus stellt sich nach Aristoteles dadurch her, dass der Mensch sich von dem vernünftigen Seelenteil leiten lässt, der den ethischen Seelenteil anleitet; sie müssen harmonisch zusammenwirken. Für moralische Forderungen, so könnte man Aristoteles interpretieren, muss es immer vernünftige oder einsehbare Gründe geben. »So gilt etwa die Forderung, Menschen nicht zu foltern, mit dem Verweis darauf als begründet, dass das schlecht für sie wäre, dass das Foltern eine Person schädigen und erniedrigen würde etc. Im alltäglichen Kontext fungieren Tatbestände, die von den Wünschen und Interessen der jeweiligen Akteure unabhängig sind, als Gründe für moralische Forderungen. Moralische Forderungen haben denn auch keine hypothetische, sondern kategorische Geltung.« (Schaber 2003, 21) Die Kategorizität der Regeln, dass man nicht verletzen, foltern, töten darf, weisen sie – ich hatte das schon mehrfach betont – als moralische aus.

Wir sagen nicht, man dürfe nicht foltern, weil das unmoralisch ist oder weil wir ein moralisches Gefühl entwickeln, das uns das sagen lässt, sondern wir wissen, dass man das einfach nicht tut. Und wenn wir darüber nachdenken und Gründe nennen wollen, dann sagen wir, weil es schlecht für einen Menschen ist, ihn schädigt und erniedrigt. Jonathan Dancy demonstriert uns diesen Zusammenhang an einer alltäglichen Begebenheit: »When I am standing on the kerb looking for a gap in the traffic so that I can cross the street safely, I am not doing this because I desire a long and healthy life. I *experience* no desire; I'm just looking for a gap in the traffic before I cross. [...] All that is happening here is that I take a *fact* (there is a bus coming now) as a reason for me not to step out yet. [...] The same is true in ethics.« (Dancy 1993, 416)
Genau diese Verbindung zwischen dem Wissen, dass Foltern für Menschen schlecht ist, und der daraus zu ziehenden Folgerung, dass es sich deshalb um eine moralische Tatsache handelt, dass man Menschen nicht foltern soll, wird von den Nonkognitivisten in Zweifel gezogen. Mackie fragt: »Worin liegt die Verbindung zwischen der natürlichen Tatsache, daß eine Handlung einen Akt absichtlicher ›Grausamkeit‹ [...] darstellt, und der moralischen Tatsache, daß sie falsch ist? [...] Die Falschheit muß den deskriptiven Eigenschaften dieser Handlung irgendwie ›nachfolgen‹.« (Mackie 1981, 47) Hier kann der Kognitivist – wie eben bereits gesagt – die Antwort mit dem Verweis auf den *common sense* geben: Die moralische Forderung, Menschen nicht zu foltern, ist darin begründet, dass es schlecht für sie ist. Deshalb sagt der *common sense*, es ist eine moralische Tatsache, dass man Menschen nicht foltern soll.
Für uns ist es im Alltag einfach klar, dass wir bestimmte Handlungen, die wir als moralische ansehen, tun und unmoralische unterlassen. Wie Dancy zeigte, thematisieren wir nicht weiter, ob eine Handlung moralisch oder unmoralisch sei. In seiner unübertroffenen Lakonik sagt Niklas Luhmann: »Werte ›gelten‹ in der Kommunikationsweise der Unterstellung. Man geht davon aus, daß in bezug auf Wertschätzungen Konsens be-

steht.« (Luhmann 1993b, 18f.) Dieses unbegründete Gelten von Werten zeigt sich ganz augenfällig dann, wenn beispielsweise »amnesty international« fordert, Misshandlungen oder Folterungen von Menschen einzustellen. Alle stimmen dieser Forderung zu. Niemand fragt nach, ob es denn richtig sei, gegen Folter zu sein. Denn das könnte - wie Luhmann sagt - als Provokation empfunden werden, und die Kommunikation würde empfindlich gestört. Oder: »Man nimmt, wenn davon die Rede ist, daß Rauchen die Gesundheit schädigt, an, daß alle Beteiligten den Positivwert Gesundheit schätzen und nicht den Negativwert Krankheit.« (Luhmann 1993b, 18) Man muss sich folglich nicht darüber unterhalten, *ob* man die Gesundheit erhält, sondern *wie* man sie am besten erhält. Man streitet sich demnach darüber, ob wohltemperierter Rotwein am Abend oder kaltes Duschen am Morgen besser ist. Werturteile laufen in der Kommunikation mit und werden nicht eigens thematisiert, »ihr Akzeptiertsein wird unterstellt. Wenn man explizit fragt: bist Du für Frieden?, erweckt das den Verdacht auf Hintergedanken. Wer sich rühmt, Werte zu bejahen oder Unwerte abzulehnen, redet trivial.« (Luhmann 2000, 359)

Darauf entgegnet der Nonkognitivist, dass er zwar zugebe, »daß die Überzeugung von der Objektivität sittlicher Werte in unserem alltäglichen moralischen Denken und Reden vorausgesetzt wird, [...] jedoch [nachweisen könne], daß dieser Glaube falsch ist« (Mackie 1981, 58). Nach Mackies Ansicht »gründen die angeblichen objektiven Werte tatsächlich in bestimmten Einstellungen desjenigen, der davon überzeugt ist, solche Werte anzuerkennen und auf sie zu antworten«. (Mackie 1981, 49f.) »Aus subjektiven Übereinstimmungen resultieren intersubjektive Wertungen; doch bedeutet Intersubjektivität nicht Objektivität.« (Mackie 1981, 22) Darauf muss ich entgegnen, dass Werte, die seit Jahrtausenden gelten, heute nicht neu abgestimmt werden müssen.

Darum noch einmal die Frage: Gibt es tatsächlich keine moralischen Tatsachen? Gehen wir die Beantwortung der Frage noch einmal anders an. *Was sind* im eben genannten Sinne der Verbindung von natürlichen Tatsachen und Werten eigentlich moralische Tatsachen? Nach Philippa Foots zustimmungswürdiger Auffassung sind es solche, die essentiell für das Zusammenleben sind, wie beispielsweise für die Vögel die Fähigkeit des Nestbaus oder für die Wölfe die des Jagens. Solche notwendigen Tatsachen sind im menschlichen Zusammenleben die Institution des Versprechens oder die Fairnessregel, die Wahrheit zu sagen oder zu helfen. (Vgl. Foot 233 und 238 f.) Ohne diese wäre menschliches Zusammenleben überhaupt nicht möglich. Diese Antwort ist mir aber noch zu ungenau. Können wir die moralischen Tatsachen nicht systematischer fassen? Hier können wir einen anderen moralischen Kognitivisten für die Antwort zu Rate ziehen, der gegenwärtig en vogue zu sein scheint, denn sein 1930 erstmals publiziertes Werk *The Right and the Good* wurde soeben neu aufgelegt. Es ist William D. Ross. Er nennt objektive Werte moralische Eigenschaften oder *Prima-facie-Pflichten*; er nennt später weitere Begriffe für dasselbe, was offenbar deutlicher machen soll, worum es sich handelt: suitabilities, responsibilities, claims. (Vgl. Ross 2000, 315) Man könnte sagen, es sind Pflichten des ersten Anscheins, die von tatsächlichen Pflichten (»actual duties«, Ross 2002, 28) in bestimmten Situationen verschieden sind. In einer realen Situation kann sich überdies herausstellen, dass eine der Pflichten, die in Ross' Auflistung keine Rangfolge haben, stärker wiege: »I form the considered opinion (it is never more) that in the circumstances one of them is more incumbent than any other.« (Ross 2002, 19) Es gibt beispielsweise die Prima-facie-Pflicht der Wahrhaftigkeit, die kollidieren kann mit der Prima-facie-Pflicht, anderen nicht zu schaden. Wenn wir daran denken, dass die Nachbarin uns fragt, wie wir ihr neues Kleid finden, dann könnte es eine Kollision zwischen der Prima-facie-Pflicht geben, nicht zu lügen (Wahrhaftigkeitspflicht), und der Prima-facie-Pflicht, taktvoll zu sein (das ist die Pflicht, anderen nicht zu schaden). Zunächst einmal ist damit der Konflikt systematisiert worden, was für eine Lösung hilfreich ist. Das kann mit einem monistischen moralischen Prinzip wie beispielsweise dem kategorischen Imperativ nicht geschehen, denn mit seiner Hilfe als Maßstab könnten wir nur sagen, dass die Befolgung beider Pflichten mit dem kantischen Imperativ in Einklang ist. Nachdem mit Ross' Prima-facie-Pflichten die Pflichtenkollision festgestellt wurde, kommt es auf die konkrete Situation an, die wir zu bewerten haben, um entscheiden zu können, was für jemanden pflichtgemäß ist. Dies ist auch Bestandteil meiner Konzeption von 1999 in der *Postchristlichen Moral* gewesen. Dort habe ich bereits betont, dass die tatsächlichen Umstände, die »Data« in dem Toulmin-Schema, wichtig sind für die moralische Entscheidung im konkreten Fall. William D. Ross betonte richtigerweise, dass seine Auffassung dem Weg unseres alltäglichen moralischen Denkens entspräche, denn in konkreten Lebenssituationen helfe uns das Nutzenmaximierungsprinzip oder ein anderes monistisches Prinzip, wie das der wechselseitigen Anerkennung, nicht weiter, wie z. B. in der folgenden Situation, die ich auf Seite 13 bereits avisiert hatte:

In Zürich leben viele kongolesische Familien. Eines Tages starb in einer der Familien der Vater. Der Sohn hatte ihm versprochen, dass er ihn in Heimaterde bestatten würde. Dieses ganze Unternehmen, die Leiche in den Kongo zurückzufliegen und dort zu beerdigen, hätte 12 000 Franken gekostet. Der Sohn hätte sich Geld leihen müssen, und die ganze Familie wäre auf Jahre hinaus verschuldet gewesen. Die Ausbildung der Kinder wäre gefährdet. Man kann sich vorstellen, dass die Nachbarn und alle Verwandten gegen das Unternehmen waren. Der Sohn hingegen sagte, dass er es seinem Vater versprochen habe. Und: »Versprochen ist versprochen.« Utilitaristen könnten nun sagen, dass diese Handlung des Sohnes unmoralisch sei, weil sie nicht nutzenmaximierend für die ganze Gemeinschaft der in Zürich lebenden Kongolesen sei. Denn alle waren in irgendeiner Weise davon betroffen, selbst wenn sie dem Sohn nur Geld geliehen hatten. Die Gefahr für alle bestand darin, dass der Sohn das Geld möglicherweise nicht zurückzahlen kann. Ross ist nun der Auffassung, dass man die Richtigkeit oder Falschheit einer moralischen Handlung nicht an einem einzigen moralischen Prinzip messen könne, sondern an den eben erwähnten Prima-facie-Pflichten, die – wie oben bereits angedeutet – in konkreten Situationen kollidieren könnten. Ross kennt sechs Gruppen von Prima-facie-Pflichten (Ross 2002, 21):

1. Wahrhaftigkeits- und Wiedergutmachungspflichten (fidelity, reparation),
2. Dankbarkeitspflichten (gratitude),
3. Pflichten verteilender Gerechtigkeit (justice),
4. Pflichten der Wohltätigkeit (beneficence),
5. Pflichten, die man sich selbst gegenüber hat, sich zu vervollkommnen (self-improvement),
6. die Pflicht, anderen nicht zu schaden (nonmaleficence).

Diese Pflichten sind für Ross so genannte unabgeleitete Pflichten, denen selbstverständlich allen das Gebot der wechselseitigen Anerkennung inhärent ist. (Vgl. Ross 2002, 22) Das braucht man nicht eigens zu überprüfen, wie ich es in der *Postchristlichen Moral*, noch empfohlen hatte. Ross spricht von »primary duty« und diese ist »not to harm others« oder »the duty of non-maleficence«. (Ross 2002, 22) Er formuliert die Pflicht demnach als das Verbot der Verletzung anderer und nicht als Gebot der wechselseitigen Anerkennung. Das ist nur die andere Seite der Medaille. »The duty of non-maleficence« ist für Ross nur der erste Schritt zur Anamnesis der Pflicht der Wohltätigkeit oder der Anerkennung.

Die Prima-facie-Pflichten sind deshalb objektiv, und das anerkennt sogar der Nonkognitivist Mackie, weil es »sehr allgemeine und grundlegende Prinzipien [sind], die wenigstens implizit in allen Gesellschaften anerkannt« werden. (Mackie 1981, 42) Sie sind für Ross so objektiv wie »mathematical axioms, or the validity of a form of inference, is evident«. (Ross 2002, 29) Darum sind sie für jeden Menschen, der eine hinreichende geistige Reife (»sufficient mental maturity«) hat, evident. (Vgl. Ross 2002, 29) An anderer Stelle spricht er davon, dass die einfachen Menschen (»plain men«) über die moralischen Regeln genauso gut informiert sind wie Moralphilosophen. (Vgl. Ross 2000, 311)

Aus ihrer Vergleichbarkeit mit mathematischen Axiomen und logischen Schlüssen ergibt sich der universelle Charakter moralischer Regeln, der Modifikationen in verschiedenen Kulturen nicht ausschließt, wie beispielsweise beim vierten Gebot des Dekalogs. Nun werde ich zeigen - wie oben bereits angekündigt -, dass es heute noch die von Paulus geforderte globale Geltung moralischer Regeln gibt. In unserer Kultur wird das vierte Gebot dadurch erfüllt, dass wir die Verantwortung für das Wohlergehen oder die Pflege unserer alten Eltern übernehmen. Bei den Eskimos - so schildert McNaughton - wird dieses Gebot dadurch erfüllt, dass der Vater mit dem Sohn ein letztes Mal auf die Jagd geht, sich danach von dem Sohn verabschiedet und sich auf eine Eisscholle legt, um zu sterben. »Der Anteil des Sohnes an diesem Ritual sieht wie ein Beispiel aus, wie man seine Eltern ehrt.« (McNaughton 2003, 236 f.) Ein anderes Beispiel[12]: Dem Gebot der Fürsorgepflicht für die Neugeborenen kommen die Eipo, ein Eingeborenenstamm auf Neuguinea, in einer Weise nach, die uns mindestens fremd ist. Wenn die Versorgung nicht sichergestellt ist, töten sie die Neugeborenen nach der Geburt. (Vgl. Schiefenhövel 1983, 44) Wir sehen hier ebenfalls, dass man dem moralischen Gebot der Fürsorge in höchst unterschiedlicher Weise nachkommen kann.

Die Pflicht, ein Versprechen zu halten, so wie in dem eben geschilderten »Zürich-Kongo-Fall«, gilt für Kongolesen ebenso wie für Mitteleuropäer. Ein Versprechen zu halten, geht aus mindestens drei der von Ross genannten unabgeleiteten Pflichten hervor, wie der Dankbarkeitspflicht, der Pflicht der Wohltätigkeit und der Wahrhaftigkeitspflicht, vielleicht darüber hinaus noch der Pflicht, die man sich selbst gegenüber hat.

12 Den Hinweis darauf verdanke ich Sabine de Wall.

Ross schreibt nämlich über diese Pflicht, »that we can improve our own condition in respect of virtue or of intelligence«. (Ross 2002, 21) In Bezug darauf, wie wir wirklich moralisch denken, ist die Theorie von Ross plausibler als andere Moraltheorien. Wir begründen unsere moralischen Urteile ja in folgender Weise: »Es ist falsch, Versprechen nicht zu halten, weil wir dann anderen schaden würden oder weil wir dann nicht wahrhaftig wären.« Wir würden nicht auf die Idee kommen, nach weiteren Begründungen zu suchen, folglich auch nicht diese Handlung mit dem kategorischen Imperativ oder dem utilitaristischen Nutzenmaximierungsprinzip in Übereinstimmung bringen zu wollen. Die Pflichten, die Ross nennt, sind richtig- oder falsch-machende Eigenschaften moralischer Handlungen. Wenn jemand die Pflichten erfüllt, zeichnen wir seine Handlung als moralische aus.

Allerdings können die von Ross genannten Pflichten miteinander kollidieren. Ich erinnere an das Beispiel mit der Nachbarin. Auch in dem »Zürich-Kongo-Fall« kollidieren die eben genannten Pflichten, die Grundlage dafür sind, ein Versprechen zu halten, mit der Pflicht, anderen nicht zu schaden. Um die Pflichten gegeneinander abwägen zu können, gibt es keine Regel. Jeder Fall müsse aus sich selbst heraus beurteilt werden. Um die Pflichten gegeneinander abzuwägen, braucht es Urteils- und Einfühlungsvermögen. (Vgl. Ross 2002, 31) Obwohl man nur einer Pflicht nachkommen kann, geht uns die andere auch an. Wir sollten uns beispielsweise bei der Nachbarin entschuldigen, wenn wir merken, dass sie über unser wahrhaftiges Urteil gekränkt ist. Wir haben dann die Pflicht der Wiedergutmachung. – Sollte man Ross' Theorie ablehnen, weil er keine klare Regelung für Wertkonflikte angibt? Darauf antwortet Ross lakonisch, dass monistische Theorien, wie der Utilitarismus oder die kantische Moralphilosophie, ebenfalls kein Instrumentarium bereitstellen, um solche Konflikte eindeutig zu lösen. (Vgl. Ross 2002, 23)

Ross' Theorie ist eine deontologische und keine konsequentialistische oder verantwortungsethische. Ross ist der Überzeugung, dass eine deontologische Moralauffassung in allen Fällen unseres täglichen Lebens, in denen wir zu entscheiden haben, plausibel ist.[13] Er macht das begreiflich am Falle des einfachen Mannes (»plain man«): »He thinks in fact much more of the past than of the future. What makes him think it right to act in a certain way is the fact that he has promised to do so – that and, usually, nothing more. That his act will produce the best possible consequences is not his reason for calling it right. What lends colour to the theory we are examining, then, is not the actions (which form probably a great majority of our actions) in which some such reflection as ›I have promised‹ is the only reason we give ourselves for thinking a certain action right, but the exceptional cases in which the consequences of fulfilling a promise (for instance) would be so disastrous to others that we judge it right not to do so.« (Ross 2002, 17 f.) Wir halten Versprechen, weil man Versprechen eben hält und sonst nichts. »Versprochen ist versprochen!« Das »promise-keeping« kommt vor allem anderen. (Vgl. Ross 2002, 19) Und Nida-Rümelin ergänzt ganz im Sinne von Ross: »Ein Versprechen gegeben zu haben, ist ein guter Grund, im geeigneten Zeitpunkt das zu tun, was dieses Versprechen erfüllt. Dieser Handlungsgrund besteht unabhängig davon, ob die Erfüllung des Versprechens optimale Konsequenzen hat. [...] Natürlich kann die Einhaltung eines Versprechens so gravierende Nachteile mit sich bringen, dass es in der Abwägung geboten erscheint, ein Versprechen nicht zu halten. Wichtig ist nur, zu erkennen, dass ein gegebenes Versprechen für sich genommen einen Handlungsgrund konstituiert, der allerdings mit anderen Handlungsgründen in Konkurrenz stehen kann.« (Nida-Rümelin 2001, 57)

Ross argumentiert – wie gesagt – deontologisch und nicht konsequentialistisch. Der Unterschied wird am besten illustriert mit folgender Begebenheit: Kant hatte als Vordenker einer de-

13 In Anspielung auf Kant als Protagonisten einer deontologischen Ethik habe ich den Titel des vorliegenden Buches gewählt.

ontologischen Moralphilosophie in seiner Schrift *Über ein vermeintes Recht aus Menschenliebe zu lügen* in der Weise argumentiert, dass Lügen ein Unrecht sei, »das der Menschheit überhaupt zugefügt wird« (A 305), denn die Wahrheit zu sagen, sei die »formale Pflicht des Menschen gegen jeden, es mag ihm oder einem andern daraus auch noch so großer Nachteil erwachsen«. (A 304) Und Arno Baruzzi interpretiert: »In jeder Lüge liegt dieser nihilistische Kern, daß ich auch im kleinsten Tun einer Lüge immer gegen andere, letztlich das Ganze des Menschlichen, gegen die Menschheit handle.« (Baruzzi 1996, 80) Darum ist Kant in der genannten Schrift mit guten Gründen und nicht – wie ihm vielfach unterstellt wurde – aufgrund seniler Verwirrung der Auffassung, »daß die Lüge gegen einen Mörder [...] ein Verbrechen sein würde« (A 302), weil eine Lüge den Sozialvertrag und damit die Grundlage der menschlichen Gemeinschaft gefährdet. Ähnlich argumentiert – wie gesagt – Ross in Bezug auf die Pflicht, ein Versprechen zu halten: »One of the most evident facts of our moral consciousness is the sense which we have of the sanctity of promises, a sense which does not, on the face of it, involve the thought that one will be bringing more good into existence by fulfilling the promise than by breaking it. It is plain, I think, that in our normal thought we consider that the fact that we have made a promise is in itself sufficient to create a duty of keeping it, the sense of duty resting on remembrance of the past promise and not on thoughts of the future consequences of its fulfilment. Utilitarianism tries to show that this is not so, that the sanctity of promises rests on the good consequences of the fulfilment of them and the bad consequences of their non-fulfilment. It does so in this way: it points out that when you break a promise you not only fail to confer a certain advantage on your promisee but you diminish his confidence, and indirectly the confidence of others, in the fulfilment of promises. You thus strike a blow at one of the devices that have been found most useful in the relations between man and man – the device on which, for example, the whole system of com-

mercial credit rests - and you tend to bring about a state of things wherein each man, being entirely unable to rely on the keeping of promises by others, will have to do everything for himself, to the enormous impoverishment of human well-being.« (Ross 2002, 37) Und hier führe ich wieder Nida-Rümelin ergänzend zu Ross an: »Wenn die Menschen ihre Versprechen nur noch dann einhalten würden, wenn sie erwarteten, damit die Konsequenzen zu optimieren, verlöre die Institution des Versprechens ihre wichtige Rolle zur Koordination unseres Verhaltens.« (Nida-Rümelin 2001, 82)
Die kantische Argumentationsfigur, die ich in den Äußerungen von Ross entdecke, war und ist weiterhin durchaus diskussionswürdig. Man kann gute Argumente dafür und dagegen vorbringen. In Kants Schrift ging es um folgenden Fall: Ein Mann versteckt seinen zu Unrecht verfolgten Freund. Die Häscher an der Tür fragen ihn, ob er seinen Freund versteckt habe. Nun stellt sich für ihn die Frage, ob er die Wahrheit sagen oder - um seinen Freund zu schützen - lügen solle. Auf den ersten Blick könnte man meinen, dass die Entscheidung eindeutig ist, denn jeder unschuldig Verfolgte muss geschützt werden. So ist jedenfalls die Argumentation des französischen Philosophen Benjamin Constant, mit dem Kant sich auseinander setzte. Constant vertrat einen konsequentialistischen oder verantwortungsethischen Standpunkt, meinte er doch, dass es pflichtgemäß sei, den Freund durch eine Lüge zu schützen. Dem setzte Kant sein sozialphilosophisches Argument entgegen, dass man nämlich mit dem Bruch eines Versprechens oder mit dem Lügen das Vertrauen in das Funktionieren von wert- und wirkungsvollen Sozialtechniken erschüttert und damit den zwischenmenschlichen Kontakt belastet. Andererseits kann man dagegen argumentieren, dass hier der außergewöhnliche Fall (»exceptional case«) eingetreten ist, dass die Folgen für andere so verhängnisvoll (»disastrous«) sind, dass Lügen wiederum erlaubt ist.

Internalistische Kognitivisten

Nun zu den zwei Positionen des moralischen Kognitivismus, der internalistischen und der externalistischen. »Laut dem Internalisten statten die moralischen Verpflichtungen eines Handelnden ihn mit Handlungsgründen aus, und motivieren ihn somit ohne die Hilfe eines weiteren motivierenden Zustands zur Tat.« (McNaughton 2003, 159) Das bedeutet in der Konsequenz für den Internalisten, dass man eine moralische Forderung erkennt und dann danach handelt. (Vgl. McNaughton 2003, 161) Ich sagte bereits, dass David McNaughton es auf die einprägsame Formel brachte: »If an agent believes she has reason to A, then she is motivated to A.« (Garrard/McNaugthon 1998, 45) Das ist nicht anders als bei internalistischen Nonkognitivisten. Allein die Einsicht in die moralische Richtigkeit einer Handlung reicht nach Ansicht der Internalisten dafür aus, diese Handlung zu tun. »Weil der Realist [Kognitivist] moralische Ansichten für rein kognitiv hält, muss der internalistische Realist zulassen, dass ein Handelnder durch einen alleinig kognitiven Zustand zur Tat motiviert wird.« (McNaughton 2003, 60) Allein, weil es geboten ist, Versprechen zu halten oder kranken Familienangehörigen zu helfen, tut man es; einfach, weil man es versprochen hat, oder weil er es braucht oder weil es ihm gut tut. Die moralische Verpflichtung ist für den kognitivistischen Internalisten ein Handlungsgrund. Und auch umgekehrt: »Wie könnte jemand eine bestimmte Handlungsweise für grundlegend falsch halten und trotzdem keinen Grund sehen, sie zu unterlassen?« (McNaughton 2003, 32) Wie kann jemand – argumentiert der Internalist – annehmen, eine Handlung werde ihm moralisch abverlangt, und dennoch keinen Grund sehen, entsprechend zu handeln? Das wäre nach Ansicht der Internalisten nur noch pathologisch zu erklären.

»Externalistische moralische Realisten [Kognitivisten] bestreiten, dass moralische Überzeugungen notwendigerweise mit guten Gründen und mit Motiven zum Handeln verknüpft sind. [...] Naturalistische externalistische Realisten begreifen moralische Tatsachen als empirische und nichtnormative Tatsachen. Moralische Urteile seien objektive, aber keine normativen Urteile; die Propositionen, die moralische Überzeugungen zum Gegenstand haben, seien empirische und nichtnormative Propositionen.« (Tarkian 2003, 99)
Eine der interessantesten externalistischen Positionen vertritt Thomas Scanlon, wenn er sagt: »Liegen Wünsche vor, so sind in Wirklichkeit die korrespondierenden Überlegungen, den Wunsch zum Anlaß für ein Handeln zu nehmen, ausschlaggebend für die Handlungsmotivation.« (Pauer-Studer 2000, 68) Scanlon nennt dazu ein erhellendes Beispiel. »Einen Wunsch nach etwas zu haben, bedeutet, daß einige Überlegungen dafür sprechen, etwas zu haben oder zu erreichen. Es sind diese Überlegungen und nicht der Wunsch selbst, die dem handelnden Subjekt einen Grund für sein Handeln liefern. Wenn ich beispielsweise den Wunsch nach einem neuen Computer hege, befinde ich mich in einem Zustand, in dem einige Eigenschaften des neuen Gerätes - seine Geschwindigkeit, seine Speicherkapazität, die Qualität seines Monitors oder die Tatsache, daß es meine Freunde beeindrucken würde - dafür sprechen, daß ich es besitze. Diese Überlegungen können entweder tatsächlich gute Gründe für den Kauf eines Computers sein, oder ich könnte sie fälschlicherweise dafür halten, aber die Tatsache, daß ich diesen Wunsch habe und daß der Kauf eines Computers diesen Wunsch befriedigen würde, liefert mir, für sich genommen, keinen Handlungsgrund im üblichen Sinne.« (Pauer-Studer 2000, 70f.) Hieran sieht man, dass es immer die Gründe sind, die ich durch Selbstreflexion ermitteln kann, und nicht der Wunsch selbst, der das Motiv für das Handeln bildet. Scanlon meint also, dass wunschbasierte Mo-

tive immer auf Gründe zurückzuführen sind (so im Ergebnis ebenfalls Nida-Rümelin 2001, bes. Kap. 4); doch kann man Gründe haben und dennoch nicht nach ihnen handeln. »Damit objektive Gründe uns motivieren können, müssen die Gründe uns ansprechen. Wir müssen die kognitive Kraft der Gründe erkennen und beurteilen.« (Pauer-Studer 2003, 191) Pauer-Studer schließt sich bis hierhin der Unterscheidung von Externalismus und Internalismus an, macht daran anschließend aber folgenden interessanten Vorschlag: Sie meint, dass sich der scharfe Gegensatz zwischen externen und internen Gründen auflöst, wenn wir die kognitive Kraft der Gründe erkennen. (Vgl. Pauer-Studer 2003, 191) Folgen wir der Argumentation von Scanlon, so kommen wir in der Tat zurück zu der zentralen internalistischen Aussage, dass man dann, wenn man eine Regel als begründet richtig anerkannt hat, motiviert ist, sie zu befolgen. (Vgl. Garrard/McNaughton 1998, 45) Herlinde Pauer-Studer ordnet – anders als ich – Thomas Scanlon der internalistischen Position zu. (Vgl. Pauer-Studer 2003, 97)

Ich sagte schon, dass ich die Thematik der Motivation – Nida-Rümelin folgend – der Psychologie zuweisen würde. In der Philosophie erleben wir seit einiger Zeit eine Renaissance der Tugendethik, die darauf zurückzuführen ist, dass die Motivation in den ethischen Erörterungen nicht hinreichend berücksichtigt wurde. (Vgl. Pauer-Studer 2003, 55ff. und Rippe/Schaber 1998, 9) Gegen die Tugendethik wird aus heutiger Sicht zu Recht eingewandt, dass sie auf den Charakter eines Menschen abstellt und nicht auf eine Handlung, so dass jemand mutig handeln, sich aber dem ungeachtet für eine falsche Sache einsetzen kann, z. B. mutig für das Foltern von Menschen in Strafverfahren. Außerdem vermag die Tugendethik in praktischen Fragen, wie den oben genannten, ob Abtreibung, aktive Sterbehilfe, der Verbrauch menschlicher Embryonen zu Forschungszwecken und Präimplantationsdiagnostik zulässig sind, keine Orientierung zu geben, so wie etwa die Theorie der *Prima-facie-Pflichten* von William

D. Ross. Dass wir diese Orientierung heute in der komplexen und individualisierten Welt brauchen, hatte ich oben soziologisch mit der Funktion der Moral begründet. Elizabeth Anscombe, die 1958 die gegenwärtige Diskussion um die Tugendethik angestoßen hat, zeigt, dass eine orientierungsgebende Pflichtenethik mit kategorischen Regeln eine Erbschaft des Christentums ist. (Vgl. Anscombe 1974, 223)

Kommen wir im Zusammenhang mit der Erbschaft des Christentums noch einmal auf Scanlons Theorie zurück, und zwar auf den Teil, in welchem er zeigt, dass moralische Regeln im sozialen Kontext gewachsen sind. Scanlon sagt, dass er den Gehalt des kategorischen Imperativs beispielsweise als den substantiellen Kern dieses Prinzips ansieht, was nicht an die – man könnte sagen – subjektive menschliche Rationalität zu knüpfen sei. Er ist demnach nicht der Auffassung von Kant, der sagt, dass der Mensch qua seiner Rationalität sich dieses Gesetz selbst gibt, sondern die Autorität für die Anerkennung moralischer Regeln basiert nach Scanlon »auf verschiedenen Aspekten unseres Lebens [z. B. religiöse Toleranz, Ablehnung der Sklaverei] und in unserem Verhältnis zu anderen« (Scanlon 1999, 6). Ich sagte schon, dass der Hintergrund dafür die mehrtausendjährige Tradition ist, in der grundlegende moralische Regeln unbestritten gelten. Wir haben diese moralischen Regeln schon immer stillschweigend anerkannt, so wie natürliche Tatsachen. Darum können wir nicht fragen, ob wir die Regeln anerkennen, sondern müssen fragen, warum wir sie *nicht* oder *nicht mehr* anerkennen, denn wir haben die moralischen Regeln bis zum Zeitpunkt dieser Frage unstreitig akzeptiert. (So auch Nida-Rümelin 2001, 154) Mit diesem Test, bei dem nicht die Frage gestellt wird, ob wir einer Regel zustimmen, sondern die Frage, warum wir ihr nicht mehr zustimmen, will Scanlon vermeiden, dass besonders altruistische Personen eher zustimmen als besonders egoistische.

Resümee

Man kann aufgrund der Herleitung der moralischen Werte aus der christlichen Tradition bereits erkennen, dass es objektive Werte gibt, die – wie ich am Beispiel des vierten Gebotes gezeigt hatte – universell gelten. Die nonkognitivistische Auffassung, dass man erst eine intersubjektive Übereinstimmung herbeiführen muss, kann demnach nicht richtig sein, denn in dem Fall hinge die Kategorizität solcher Regeln von dem freiwilligen Beitritt zum intersubjektiven Konsens ab. Sie wären dann nicht von vornherein kategorisch. Doch wir befolgen diese moralischen Verbote in unserem Alltag, ohne uns zu fragen und zu prüfen, ob wir uns denn dazu selbstverpflichtet hätten. Solche moralischen Verbote oder Gebote gelten für uns ohne persönliche Stellungnahme zu diesen Regeln.

Fragen wir uns einfach einmal, welche Konsequenz es hätte, wenn sich bei uns eine Moral der intersubjektiven Übereinstimmung herausgebildet hätte. Wenn moralische Regeln keinen objektiven Status hätten und nicht von vornherein kategorisch wären, sondern von der kontraktualistischen »informellen Übereinkunft« (Pauer-Studer 2003, 86) abhängig wären, dann könnte man zunächst nur von sich selbst, vermittelt über eine quasi-vertragliche Selbstbindung, fordern, das Quälen von kleinen Kindern zu unterlassen. Man könnte das nun nicht unzweifelhaft von anderen fordern. Dazu müsste man sich zuerst vergewissern, ob die anderen sich ebenfalls selbst verpflichtet haben und dem Konsens beigetreten sind, solche Regeln auch unter allen Umständen einzuhalten. Die Konsequenz wäre eine Veränderung unseres Zusammenlebens, die niemand wünschen kann. Im Übrigen können nur moralische Regeln, die einen objektiven Status haben und kategorisch gelten, in einer Zeit zunehmender Individualisierung gesellschaftlich identitätsstiftende Kraft besitzen.

Luhmann konnte zeigen, dass Werte mit unbezweifelbarer Evidenz in unserer Kommunikation enthalten sind. Der im *common sense* enthaltene Regelkanon macht Handlungskoordinationen in einer individualisierten Gesellschaft erst möglich, indem die Wahlfreiheiten der Menschen eingeschränkt werden, und sie erwarten können, dass ihre Erwartungen und Erwartungserwartungen bezüglich des Handelns ihres Gegenübers erfüllt werden. Und wenn Mackie fragt, worin die Verbindung zwischen einer grausamen Handlung und der moralischen Tatsache liege, dann muss man mit Luhmann antworten, dass die moralische Forderung, mit anderen Menschen nicht grausam umzugehen, darin begründet ist, dass es schlecht für sie ist. Deshalb sagt der *common sense*, es ist eine moralische Tatsache, dass man mit anderen Menschen nicht grausam umgehen solle.

Wir sind durch die im *common sense* enthaltenen Regeln manchmal zu Handlungen verpflichtet, die nicht in unserem Eigeninteresse liegen, ja, die zuweilen unserem Eigeninteresse zuwiderlaufen und zu deren Einhaltung wir uns bei freier Wahlmöglichkeit nicht umstandslos verpflichten würden. (So auch Schaber 2003, 20) Es ist z. B. die Intention bei der Moralvermittlung – auf die ich im letzten Kapitel zurückkommen werde –, Kinder darauf hinzuweisen, dass man moralische Regeln selbst dann befolgen soll, wenn deren Einhaltung nicht im Eigeninteresse liegt: »Kindern Moral beizubringen heißt gerade, ihnen zu zeigen, dass die Welt *nicht* so läuft, dass sie für eine ordentliche Arbeit eine Belohnung erhalten, die Arbeit aber gleichwohl zu erledigen ist.« (Neiman 2004, 464) Moral beschränkt »die Möglichkeiten des Handelns, in diesem Sinne diszipliniert sie, egal wie freizügig die pädagogische Theorie sein will«. (Oelkers 1992, 17)

Dass allerdings gegen moralische Regeln verstoßen wird, ist unsere alltägliche Erfahrung. Solche Verstöße können unterschiedliche Gründe haben, wie z. B. Boshaftigkeit, Angst, Willensschwäche oder sonst wie fehlende Motivation. (Vgl. Foot 1997, 242 und Nida-Rümelin 2001, 136ff.) So paradox der folgende Satz auch klingen mag, ist er trotzdem wahr: »Moral muss es nur deshalb geben, weil gegen moralische Regeln oft genug verstoßen wird.« Liefe die Handlungskoordination ohne Regeln reibungslos ab, bräuchte es keine Moral zu geben. Die Regeln des *common sense* sind trotz der Möglichkeit des Verstoßes gegen sie kategorische Regeln. Ob man motiviert ist, nach diesen Regeln zu handeln, ist eine Frage, die an die Psychologie zu stellen ist.

Weiterhin habe ich mit Ross gezeigt, dass bei der Befolgung von moralischen Regeln im Alltag, wie der Erfüllung eines Versprechens, konsequentialistische Überlegungen keine Rolle spielen. Unser alltägliches Vorgehen ist deontologisch, was einen weiterreichenden Sinn hat. Mit dem Lügen und dem Bruch eines Versprechens würde man das selbstverständliche Gelten sozialer Regeln gefährden, das unseren unproblematischen zwischenmenschlichen Umgang ermöglicht. Das ist eine nicht zu unterschätzende Gefahr, auf die Kant und Ross aufmerksam gemacht haben. An diesem und an anderen Beispielen konnte gezeigt werden, dass die Moralphilosophen keine Ratschläge für die Entscheidung im konkreten Einzelfall geben können. Sie sind jedoch in der Lage, mit Hilfe des Katalogs der *Prima-facie-Pflichten* die Konfliktlinie in der Entscheidungssituation scharf herauszuarbeiten.

Moralische Gefühle

Unmoralisches oder moralisches Verhalten, sei es das eigene oder das des Gegenübers, kann heftige Gefühle auslösen, die man ausdrückt, indem man sich »schockiert, enttäuscht, empört oder (im umgekehrten Fall) voller Bewunderung« zeigt. (Williams 1978, 348) Der Mensch ist eben »ein körperhaftes, endliches, leidendes, gefühlsbegabtes Wesen«. (Benhabib 1995, 67)

Die Gefühlsäußerungen sind ein Hinweis auf die moralische Integrität eines Menschen. Sie können zeigen, dass bei diesem Menschen moralische Haltung und sprachliche Äußerungen über moralische Sachverhalte eine Einheit bilden. Wir sprechen von moralischer Authentizität, oder wie Williams sagt: »Man sollte annehmen, daß die Relevanz dieses Gefühls für moralische Aufrichtigkeit offensichtlich ist.« (Williams 1978, 354)

In den Dialogen *Gorgias* und *Politeia* wurde diese Problematik von Sokrates bzw. Platon bereits thematisiert. Man wurde sich am Ende der dort dargestellten Unterredungen darüber einig, dass man sich selbst schade, wenn man unmoralisch handle. Man würde nämlich Gewissensbisse bekommen, folglich schlechte Gefühle haben, sich krank oder elend fühlen.

Aristoteles beschäftigte dieses Thema ebenfalls. Er geht in seiner Konzeption davon aus, dass die beiden Seelenteile, der dianoetische und der ethische, in wechselseitiger Harmonie zusammenwirken müssen, wenn wir von einer moralischen Haltung (Habitus) und Handlung sprechen wollen. Ich hatte das oben bereits ausgeführt. Die für unseren Zusammenhang wichtige Einsicht des Aristoteles liegt darin, dass der Mensch nur dann sittlich gut ist, wenn er eine moralische Haltung erlangt, die ihn stets sittlich handeln lässt. Eine solche Haltung wachse durch Gewohnheit.

Die Grundlage sittlichen Handelns ist für Aristoteles eine Willenswahl, die einerseits mittels des Verstandes und andererseits aufgrund des moralischen Habitus gefunden wird. Als Habitus bezeichnet Aristoteles das, »was macht, daß wir uns in bezug auf die Affekte richtig oder unrichtig verhalten, wie wir uns z. B. in bezug auf den Zorn unrichtig verhalten, wenn er zu stark oder zu schwach ist, richtig dagegen, wenn er die rechte Mitte hält, und ähnliches gilt für die übrigen Affekte«. (Aristoteles, *Nikomachische Ethik*, 1105 b 26 ff.) Jemandem, der Freude an der sittlichen Handlung hat, gelingt sie besser als demjenigen, »der sich mit Gewalt zu moralischen Handlungen zwingt«. (Hösle 1997a, 261) Ein guter Geometer, so Aristoteles, verstehe alles besser, wenn er Freude an der Geometrie habe. Diese Steigerung rühre von der Lust an seinem Geschäft her. (Vgl. Aristoteles, *Nikomachische Ethik*, 1175 a 30 ff.) Er tut seine Arbeit dann mit einem guten Gefühl. Andererseits müsse er durch »rechte Vernunft« (Aristoteles, *Nikomachische Ethik*, 1138 b 19) die Mitte wählen. Aristoteles erläutert, was gemeint ist: »Wer jede Lust genießt und sich keiner enthält, [...] [wird] zügellos, wer aber jede Lust flieht, wie die sauertöpfischen Leute, verfällt in eine Art Stumpfsinn. Denn Mäßigkeit und Starkmut werden durch das Zuviel und Zuwenig aufgehoben, durch die rechte Mitte aber erhalten.« (Aristoteles, *Nikomachische Ethik*, 1104 a 23 ff.) Es verhält sich wie mit dem Bogenschützen. Zielt er zu knapp, verfehlt er das Ziel genauso wie der, der über das Ziel hinausschießt. Er muss genau die Mitte treffen, um sein Ziel zu erreichen. Im Bereich des Moralischen konstatiert Aristoteles ein Zusammenspiel von Vernunft und Gefühl. – Soweit die antiken Philosophen zum moralischen Gefühl.

Der Streit zu Beginn der Neuzeit ging eher um Vorrangverhältnisse. Die schottischen Moralphilosophen gaben – anders als Kant – dem Gefühl im Bereich des Moralischen den Vorrang. Eine solche Auffassung bezeichnen wir als »Emotivismus«: »Er behauptet, daß ethische Urteile sich auf Gefühle gründen.« (Sousa 1997, 483) Francis Hutcheson war der Auffassung, dass

man mittels Vernunft zwar erkennen könne, welche Handlungen in Übereinstimmung mit dem Gemeinwohl stünden und welche dem Eigennutz dienten. Dennoch hätten wir *vor* einer solchen kognitiven Einsicht ein *Gefühl* dafür, was moralisch richtig oder falsch sei. Jeder könne das selbst testen: Zunächst sei man beim moralischen Fehlverhalten eines anderen empört, bevor man sich die Frage stelle, warum man empört sei. (Vgl. Hutcheson 1984, 37f.)
Später bezog sich die Literatur auf die bekannte Auseinandersetzung zwischen Kant und Schiller. Ich folge hier Günther Patzig, der sagt, dass man Kant und Schiller in dieser Hinsicht nicht gegeneinander ausspielen dürfe. Zwar sehe Kant Herz und Verstand als unterschiedliche Topoi im Bereich des Moralischen, wenn er sagt, dass die Beurteilung des Moralischen im Verstande liege, der Antrieb hingegen im Herzen; Kant spiele damit aber keineswegs den Verstand gegen das Gefühl aus. Das werde durch Einsichten bestätigt, die er in seinem handschriftlichen Nachlass niedergelegt hat. Dort lesen wir: »Das moralische Gefühl folgt auf den moralischen Begriff, bringt ihn aber nicht hervor; noch viel weniger kann es ihn ersetzen, es setzt ihn voraus.« (Kant, zitiert nach Bittner/Cramer 1975, 105) Und an anderer Stelle ergänzt er diese Einsicht: »Das sentiment gehört bloß vor den Verstand und ist eigentlich die gesunde Vernunft im Moralischen. Das moralische Urteil der Billigung und Mißbilligung geschieht durch den Verstand, die moralische Empfindung des Vergnügens und Abscheus durch das moralische Gefühl, doch so, daß nicht das moralische Urteil aus dem Gefühl, sondern dieses aus jenem entspringt. Alles moralische Gefühl setzt ein sittliches Urteil durch den Verstand voraus.« (Kant, zitiert nach Bittner/Cramer 1975, 105) Kant behauptet zwar – der Intention seiner gesamten Philosophie folgend – den Vorrang des Verstandes vor dem Gefühl, doch schließt er das Gefühl nicht aus dem Bereich des Moralischen aus, wie es ihm oft fälschlicherweise nachgesagt wird. (Vgl. unter vielen anderen, die das Kant unterstellen: Williams 1978, 360ff. und Okin 1993, 307f.)

So geht Friedrich Schillers Kritik, die er in seiner philosophischen Abhandlung *Über Anmut und Würde* vorträgt, ins Leere, wenn er Kant zur Last legt, dass dieser »die Neigung als eine sehr zweideutige Gefährtin des Sittengefühls« ansehe »und das Vergnügen [als] eine bedenkliche Zugabe zu moralischen Bestimmungen«. (Schiller 1980, Band V, 463) »In der Kantischen Moralphilosophie«, so Schiller weiter, »ist die Idee der *Pflicht* mit einer Härte vorgetragen, die alle Grazien davon zurückschreckt und einen schwachen Verstand leicht versuchen könnte, auf dem Weg einer finstern und mönchischen Asketik die moralische Vollkommenheit zu suchen.« (Schiller 1980, Band V, 465) Dieser Kant zugeschriebenen Auffassung setzt Schiller sein eigenes Konzept entgegen, das von folgender Einsicht ausgeht: »Die menschliche Natur ist ein verbundeneres Ganze[s] in der Wirklichkeit, als es dem Philosophen, der nur durch Trennen was vermag, erlaubt ist, sie erscheinen zu lassen. [...] In einer schönen Seele ist es also, wo Sittlichkeit und Vernunft, Pflicht und Neigung harmonieren.« (Schiller 1980, Band V, 467 ff.) In aller Deutlichkeit tritt – nachdem wir Kants Auffassung kennen gelernt haben – hervor, dass Schillers Kritik fehlgeht. Allerdings hat sich das Schillersche Vorurteil schnell festgesetzt. Heinrich Heine beschrieb Kant als »leidenschaftslosen« Menschen (Heine 1997, 94), was man feststellen könne, wenn man ihn lese mit seinem »so grauen, trockenen Packpapierstil« oder seinem »schwerfälligen, steifleinenen Stil«. (Heine 1997, 96) – Soweit zu den Philosophen der Neuzeit und der Aufklärung. Wie sieht es heute aus?
Auch heute finden wir Philosophen, die sich an der Moralphilosophie von David Hume orientieren. Das sind vor allem Seyla Benhabib, Donald Davidson, Robert H. Frank und Ernst Tugendhat sowie Ronald de Sousa; ferner gibt es sicher viele Philosophen, die sich wenigstens am Rande mit dieser Thematik beschäftigen. Die unterschiedlichen Konzeptionen zu dem Paar Rationalität und Gefühl resümiert de Sousa zunächst so: »Jedes Glied des Paares behauptet, mit seinen Mitteln eine plausible Erklärung des anderen zu geben. Es gibt kein zwin-

gendes Argument für die Überlegenheit einer Perspektive über die andere. Kein plausiblerweise übergeordneter Gesichtspunkt, mit dem sich ein solches Argument stützen ließe, hält, was er verspricht; und folglich ist die Verpflichtung auf den einen oder anderen der gegensätzlichen Standpunkte Anlaß tiefster Spaltungen in der Philosophie.« (Sousa 1997, 490)
Jahrhundertelang ging der Streit um den Vorrang der einen oder anderen Seite, ohne ein eindeutiges Ergebnis hervorgebracht zu haben. In der gegenwärtigen Literatur zum Thema ist es überwiegend so, dass die moralischen Gefühle als komplementär zu den rationalen Moralreflexionen anerkannt werden. »Der Bereich des Unbewußten und Emotiven steht reflektierten Zuständen keineswegs antagonistisch gegenüber.« (Sturma 1997, 350) Moralische Gefühle werden sogar als notwendig angesehen, um Rationalitätsurteile vollständig machen zu können. (Vgl. Sousa 1997, 525) Monika Keller spricht davon, dass die moralischen Gefühle Indikatoren für ein moralisches Selbst sind. (Vgl. Keller 1996, 35) Jedenfalls wird anerkannt, dass die Gefühle im Bereich der Moral eine »entscheidende Rolle« spielen (Sousa 1997, 481), und ganz gleich, wie sich das Verhältnis von Rationalität und Emotionalität im Bereich der Moral bestimmen lässt, eins jedenfalls scheint heute unbestritten: dass es »komplementär, nicht antagonistisch« ist. (Benhabib 1995, 195; vgl. desgleichen Pauer-Studer 1996, 265)
Seyla Benhabib konkretisiert diese Komplementarität in folgender Weise: Sprechen wir vom verallgemeinerten Anderen, dann haben wir es mit den rationalen Kategorien Recht, Verpflichtung und legitimer Anspruch zu tun. Dem entsprechen die Gefühle der Achtung, der Pflicht, des Werts und der Würde. Sprechen wir hingegen vom konkreten Anderen, so haben wir es mit den rationalen Kategorien Verantwortlichkeit, Bindung und Teilen zu tun. Diesen Kategorien entsprechen die Gefühle Liebe, Anteilnahme, Mitgefühl und Solidarität. (Vgl. Benhabib 1995, 176)
Im Gegensatz zur herrschenden Meinung sieht Susan Moller

Okin diese Komplementarität selbst im Rawlsschen Werk, das weitgehend als rein rationale und leidenschaftslose Gerechtigkeitsbegründung interpretiert wird. So sieht es übrigens Rawls auch selbst. Okin hingegen meint, dass Rawls keineswegs moralische Rationalität gegen moralisches Gefühl ausspiele. Das moralische Gefühl der Sorge und Fürsorge habe in seinem Konzept eine gewichtige Bedeutung. (Vgl. Okin 1993, 326)

Dazu, wie moralische Gefühle entstehen, äußern sich zeitgenössische Philosophen. Der eingangs erwähnte Ronald de Sousa, der sich neben Seyla Benhabib, Robert H. Frank, Donald Davidson und Ernst Tugendhat zu den moralischen Gefühlen äußert, schreibt: »Objektive, selbstbezügliche und subjektive Begierden bilden ein Kontinuum. Unsere Gefühle werden normalerweise von einem Komplex interner und externer Faktoren bestimmt« (Sousa 1997, 500), wozu die für jeden einzelnen Menschen unverwechselbare Sozialisation, Vorbilder in der Erziehung, kulturelle Konventionen und vieles mehr gehören.

Von Robert H. Frank werden Überlegungen zur moralischen Haltung vorgetragen. Er ist folgender Auffassung: »Damit ein moralisches Gefühl entstehen kann, muß es [...] nicht nur irgendeinen, sondern sogar einen erheblichen Vorteil bringen.« (Frank 1992, 48) Was bedeutet das konkret? Frank vertritt eine so genannte Festlegungstheorie, die er so beschreibt: Scheinbar irrationales Verhalten wird manchmal durch emotionale Dispositionen erklärt, »die bei der Lösung von Festlegungsproblemen hilfreich sind. Die gegenteilige Ansicht, daß Menschen bei der Verfolgung ihres Eigennutzes immer effizient handeln, werde ich das Eigennutzmodell nennen.« (Frank 1992, 21) Frank zufolge geben bei moralischen Entscheidungen in einem Wertekonflikt die Gefühle den Ausschlag. Die Gefühle legen jemanden »verbindlich auf eine Verhaltensweise fest«. (Frank 1992, 48) Das ist der Inhalt seiner Festlegungstheorie. Im Gegensatz dazu bestimmt in der Eigennutztheorie rationale Kalkulation die moralischen Entscheidungen. Nach Franks Ansicht sind »Gefühle und Emotionen [...] anscheinend die unmittelbaren Ursachen der meisten Verhaltensweisen«. (Frank 1992, 53) Diese Behauptung Franks ist erklärungsbedürftig, und er erläutert sie anhand eines Beispiels: »Klar ist jedenfalls, daß diese Gefühle Anreize für Menschen in der gewünschten Weise verändern können. Man betrachte etwa eine Person, die fähig ist, starke Schuldgefühle zu entwickeln. Sie wird selbst dann nicht mogeln, wenn es in ihrem materiellen Interesse ist. Der Grund ist nicht, daß sie fürchtet, entdeckt zu werden, sondern daß sie einfach nicht mogeln *will.* Ihre Abneigung gegen Schuldgefühle ändert deutlich die Auszahlungen, mit denen sie rechnen kann. Die Tatsache, daß man eine solche Person nicht überwachen muß, um sie vom Mogeln abzuhalten, macht die Tatsache, daß dies oft praktisch unmöglich ist, irrelevant. Analog braucht eine Person, die wütend wird, wenn man sie ungerecht behandelt, keinen förmlichen Vertrag, der sie darauf festlegt, Vergeltung zu suchen. Sie wird sich rächen, weil sie dies will, auch wenn es sich rein materiell gar nicht lohnen sollte. Das Gefühl der Wut übersteigt den materiellen Anreiz.« (Frank 1992, 53 f.) Das ist ein Erklärungsgrund dafür, warum selbst gegen anerkannte und akzeptierte kategorische moralische Regeln verstoßen wird, z. B. gegen die Regel, einem anderen Menschen nicht zu schaden.

Materieller Anreiz und Auszahlung sind zwar Begriffe aus dem Bereich des Kalkulatorischen, den Frank als rationalen Bereich im Gegensatz zum unkalkulierbaren emotionalen Bereich betrachtet. Dass der Bereich des Emotionalen so unkalkulierbar nicht ist, wird von Frank mit Hilfe der Festlegungstheorie herausgearbeitet. Hier wird m.E. deutlich, dass die Emotionen und damit das Verhalten kalkulierbar sind: »Nach dem Festlegungsmodell ist ein ehrlicher Mensch jemand, der Vertrauenswürdigkeit als solche schätzt. Daß er aus solchem Verhalten auch materiellen Nutzen ziehen kann, interessiert ihn überhaupt nicht. Und gerade weil er diese Einstellung hat, kann man ihm auch in Situationen trauen, in denen man sein

Verhalten nicht kontrollieren kann.« (Frank 1992, 66f.) Hinter Franks Auffassung steht die antike sokratische bzw. platonische Figur, dass man deshalb nicht unmoralisch handelt, weil man das Gefühl der Gewissensbisse nicht haben will. Franks Festlegungstheorie sieht die moralischen Gefühle in einem kohärenten Zusammenhang mit dem langfristig angelegten Lebensplan eines Menschen. Dagegen ist die Eigennutztheorie eine, die punktuelle Entscheidungen zulässt, die auf eine Situation bezogen sind, in der kalkuliert wird, welche Handlung im Moment den größeren Eigennutz hat.

Eine der Festlegungstheorie vergleichbare Theorie, mit dem Hinweis auf die moralische Verlässlichkeit, vertritt Amitai Etzioni, wenn er sagt: »Die Verinnerlichung wird als Teil der Sozialisation definiert, bei der der Mensch lernt, ›sich in Situationen, die einen Drang zur Übertretung wecken und in denen Aufsicht und Sanktionen fehlen, an Regeln zu halten‹. (Kohlberg).« (Etzioni 1993, 114)

Aber warum müssen moralische Regeln eigentlich verinnerlicht sein? Sie müssen es deshalb, weil in den meisten alltäglichen Lebenssituationen nicht die Möglichkeit besteht, intensiv darüber nachzudenken, welches Handeln nun richtig ist. Gewöhnlich liegt kein Problem vor, kein Wertekonflikt, und man handelt einfach. Eine Lehrerin beispielsweise muss in einer 45-minütigen Unterrichtsstunde viele kleinere und größere Entscheidungen treffen. Die verschiedenen Möglichkeiten des Handelns können dabei nicht jedes Mal mit Hilfe des Prima-facie-Pflichten-Katalogs abgewogen werden. Tiere haben es aus menschlicher Sicht einfacher. Blindschleichen verbringen z. B. ihren Winterschlaf zusammen mit ihren ärgsten Feinden, den Ottern und Nattern, in einer Höhle. Um sich wechselseitig warm zu halten, liegen sie dabei eng zusammen und ineinander verschlungen. Keine tut der anderen etwas. Das geschieht instinktiv und selbstverständlich, und es besteht keine Gefahr, dass Unvorhergesehenes passiert, etwa dass die Ottern diese Situation ausnutzen und anders handeln, als es ihr Instinkt vorgibt. Menschen würden es dagegen wohlweislich vermeiden, mit ihren Feinden in einem Bett zu schlafen - außer im Film -, denn Menschen können immer auch anders handeln.

Doch so selbstverständlich wie das Verhalten der instinktgeleiteten Tiere muss das menschliche Alltagshandeln geschehen. Im Alltag kann nicht lange überlegt werden, sonst würde jedes Handeln blockiert. Über den Vorteil, den die Tiere aufgrund ihrer natürlichen Ausstattung gegenüber den mangelhaft ausgestatteten Menschen genießen, informiert meines Wissens zum ersten Mal der von Platon überlieferte protagoräische Mythos. (Vgl. Platon, *Protagoras* 320c–322d) In dieser Sage müssen Menschen, um überleben zu können, in großen Gemeinschaften zusammenleben. Zum Zweck der notwendigen Ordnung solcher Gemeinschaften übergibt ihnen Zeus durch Hermes in Ermangelung eines Instinkts moralisches Gefühl und Rechtssinn. Wir sehen, dass bereits in dieser Geschichte die funktionale Sichtweise der Moral, so wie ich sie beschrieben habe, bekannt ist. Die Moral ist im protagoräischen Mythos das Äquivalent für tierische Instinkte. Allerdings müssen die Menschen moralisches Gefühl und Rechtssinn ebenso verinnerlichen, wie die Tiere ihre Instinkte bereits von Geburt an internalisiert haben. - Soweit dazu. Ich fahre fort mit der Darstellung gegenwärtiger philosophischer Theorien.

»Wenn die moralischen Verpflichtungen einmal verinnerlicht sind, werden sie zu einem untrennbaren Bestandteil des Ichs.« (Etzioni 1993, 114) Man wird darum nicht abstreiten können, dass die Gefühle bei moralischen Entscheidungen eine große Rolle spielen, wie Frank ganz richtig feststellte: Man wird nicht mogeln, weil die starken Schuldgefühle, die man für sich erwartet, einen daran hindern. Selbstverständlich gehört dazu die Einsicht in die Richtigkeit dieser moralischen Regel, nicht mogeln zu dürfen. Hielte man das Mogeln nicht für schlecht, dann könnte man nicht die entsprechende gefühlsmäßige Stellungnahme dazu entwickeln. Gefühl und rationale Einsicht stehen hier in einem komplementären Verhältnis zueinander.

Sind für eine Person die moralischen Gefühle selbst berechenbar? Darauf antwortet der Philosoph Harry Frankfurt in folgender Weise. (Vgl. Frankfurt 1981) Jeder Mensch kann auf einer zweiten Ebene zu seinen Gefühlen Stellung beziehen. Frankfurt spricht hier von den Wünschen zweiter Ordnung (»second-order-desire«). Um das zu erläutern, ein Beispiel: Mein Sohn kaufte sich im Alter von zwölf Jahren eine Reihe von Computerspielen. Auf dem Gesicht der Eltern spiegelte sich Skepsis, als er mit den Spielen die Wohnung betrat. Darauf reagierte er folgendermaßen: »Ihr braucht euch keine Sorgen zu machen. Das ist nur eine Phase bei mir, die vorübergeht.« – Diese Reflektiertheit auf der Metaebene bezieht sich nicht nur auf die eigenen Gefühle, sondern ebenso auf die Gefühle des Gegenübers. Der amerikanische Entwicklungspsychologe Robert L. Selman berichtet von folgendem Gespräch mit einem ebenfalls zwölfjährigen Kind: »DENNIS: Ich stieg bis auf das Dach des John Hancock Buildings und guckte über die Brüstung. Alle hatten Angst, bloß ich nicht. THERAPEUT: Herrje, also ich würde mich schon etwas fürchten, von so weit oben herunterzugucken, du nicht? – DENNIS: Tja ..., also wenn ich Therapeut wäre und versuchen wollte, einem Kind beizubringen, daß es in Ordnung ist zuzugeben, daß es Angst hat vor einigen Dingen, dann würde ich vielleicht sagen, daß ich Angst habe, um ihm zu zeigen, daß es in Ordnung ist zu zeigen, daß man sich fürchtet ...« (Selman 1984, 233)
Diese Reflexionsfähigkeit machen wir uns zunutze, um die Frage zu beantworten, ob die moralischen Gefühle berechenbar sind. Wenn das der Fall wäre, kämen sie in die Nähe des Rationalen. Man kann ein moralisches Gefühl – nach dem Vorschlag von Robert H. Frank – als berechenbar auszeichnen, wenn es sich als konsistent erweist, d. h., wenn wir wissen, dass »das Gefühl erster Ordnung unter relevant ähnlichen Bedingungen wiederkehrt«. (Sousa 1997, 494) Hier geht es nicht um Beständigkeit eines bestimmten Gefühls, denn Gefühle können je nach den eintretenden Umständen wechseln. Das ist ein Charakteristikum der Gefühle. Frank und de Sousa geht

es um Konsistenz. Was bedeutet das? Unter wiederkehrenden vergleichbaren Umständen taucht dasselbe Gefühl immer wieder auf. Das macht die Berechenbarkeit von Gefühlen aus. Frank und de Sousa sind der Auffassung, dass wir uns selbst beobachten und Vorhersagen über unsere in bestimmten Situationen auftretenden moralischen Gefühle und weitergehend über unser moralisches Handeln machen können. Wenn wir – so Frank – beispielsweise wissen, dass Mogeln uns nicht liegt, dann wissen wir von uns, dass wir nicht mogeln können. Oder: Wenn wir wissen, dass bestimmte Formen von Ungerechtigkeit, die wir als solche erkennen, uns aus der Haut fahren lassen, sind unsere Gefühle für bestimmte eintretende Situationen berechenbar. Dies klingt plausibel.

Jeder Mensch will negative moralische Gefühle, wie Schuld und Scham, vermeiden, wie Frank in seiner Festlegungstheorie herausgearbeitet hat. Davon waren bereits Sokrates bzw. Platon ausgegangen. Das reiche oft bereits als Motiv für die Befolgung von moralischen Regeln, sagt Ernst Tugendhat. Die anderen Menschen entwickelten – so fährt er fort – bei unserem eigenen moralischen Fehlverhalten moralische Gefühle wie z. B. Empörung. Das wissen wir von uns selbst auch für den umgekehrten Fall. Wir sind empört, wenn andere moralische Regeln nicht beachten. Den negativen moralischen Gefühlen bei den anderen Menschen, die sich gegen uns selbst richten würden, möchten wir entgehen. Entwickeln die anderen Menschen solche Gefühle gegen uns, besteht die Gefahr, dass sie uns in solchem Fall die Achtung verweigern. Wir wollen aber geachtet werden. Tugendhat ist der Auffassung, dass ein starkes Motiv für moralisches Handeln das Dazugehörenwollen zur moralischen Gemeinschaft ist. Jeder Mensch, sagt Tugendhat, habe das Bedürfnis, moralisch geschätzt zu werden, schätzenswert zu sein und sich nicht wegen Geringschätzung oder Nichtschätzung aus der moralischen Gemeinschaft auszuschließen. (Vgl. Tugendhat 1997, 123) Der Wunsch nach Achtung stelle das Motiv dar, der moralischen Gemeinschaft angehören zu wollen. Bereits John Locke beschäftigte im Anschluss daran die Frage, wie denn jemand die Zustimmung abgeben kann, einer moralischen Gemeinschaft und einem Staatswesen angehören zu wollen. Locke gibt folgende Antworten: Entweder gibt jemand, der in die Gemeinschaft hineingeboren wird, die Zustimmung ausdrücklich ab, beispielsweise, wenn er volljährig wird oder – wovon man in der Regel ausgehen kann – durch stillschweigendes Verhalten. Diese Zustimmung durch konkludentes Verhalten gibt jemand in dem Moment, in dem er die Regeln der Gemeinschaft befolgt. (Vgl. Locke 1974, 92 f., VIII § 119) So könne sich aus moralischen Gefühlen das Motiv entwickeln, moralisch zu handeln, um nicht die Missachtung der anderen auf sich zu ziehen. Davon gehen jedenfalls Hartmut Böhme und Ernst Tugendhat aus. (Vgl. H. Böhme 1997 und Tugendhat 1993) Ich sagte bereits, dass es sich bei der Verschränkung von moralischem Handeln, Motivation und Gefühl um einen komplexen Zusammenhang handelt, der bislang erst rudimentär erforscht ist. (Vgl. Billmann-Mahecha/Horster 2004) Darum ist in dieser Hinsicht Zurückhaltung angezeigt.

Ethik: Gelungenes oder geglücktes Leben

Zur Unterscheidung von Ethik und Moral

Was ist der Unterschied zwischen Ethik und Moral? Die Diversifizierung von Ethik und Moral kleidet Lutz Wingert in zwei Fragen, die den Unterschied auf unmittelbare Weise augenfällig werden lassen. Die moralische Frage lautet: »Warum ist man kategorisch verpflichtet, x zu tun?« (Wingert 1993, 32) Die ethische Frage hingegen stellt sich in folgender Weise: »Warum ist es gut für mich, x zu tun?« (Wingert 1993, 33) Und Rainer Forst fügt hinzu: »Eine Lebensform wird nicht dadurch falsch, daß ihre allgemeine Realisierung nicht moralisch zu fordern ist.« (Forst 1994, 68) Das heißt, ein individuell entworfener Lebensplan kann für den Autor desselben zwar richtig, muss es aber nicht unbedingt für andere in derselben Weise sein. Wenn es für einen bestimmten Menschen beispielsweise richtig ist, einer der vielen heute angebotenen Religionsgemeinschaften anzugehören, kann das für andere Menschen durchaus eine Entscheidung sein, die nicht in ihren Lebensplan passt. Eine individuelle ethische Entscheidung muss für andere nicht verbindlich sein, sofern sie nur die persönliche Lebensgestaltung eines Menschen betrifft und andere dadurch nicht beeinträchtigt werden. Die Einhaltung moralischer Regeln hingegen ist unterschiedslos für jeden gefordert. Aber in Bezug auf den je eigenen Lebensentwurf eines Menschen hat die Moral dennoch Bedeutung, denn sie hat eine Schutzfunktion für die ethische Lebenswahl: »Der Respekt ethischer Identitäten ist [...] moralisch geboten.« (Forst 1994, 78) Moralischer Konsens der Menschen und deren ethische Differenz sind folglich durchaus miteinander vereinbar. (Vgl. Forst 1994, 75) Das alles soll nun genauer ausgeführt werden.

Man sollte gute *ethische* von guten *moralischen* Gründen unterscheiden können. Ethik »betrifft den einzelnen, der wählen und entscheiden muß, wer er sein will, und zielt auf Glück, Selbsterhaltung, Selbstverwirklichung und Selbststeigerung« ab. (Oesterle 1995, 36) Moral hingegen gibt die Regeln für die Interaktionen zwischen den Menschen kategorisch vor. Moralisches Urteilen im Gegensatz zu ethischem »ist koextensiv mit dem Beziehungsgeflecht der sozialen Interaktion in der Lebenswelt [verbunden]. Der moralische Bereich ist so untrennbar verknüpft mit jenen Interaktionen, die unsere Lebenswelt ausmachen, daß die Verweigerung moralischen Urteilens einem Rückzug aus der menschlichen Gemeinschaft gleichkäme, weil wir dann aufhören würden, in Wechselbeziehung mit anderen zu treten, zu sprechen, zu handeln.« (Benhabib 1995, 136 f.) Moralische Regeln beziehen sich folglich auf das Verhältnis von mindestens zwei Menschen; »Moral verlangt von uns Handlungen, die sich nicht auf die Maximierung unseres individuellen Nutzens richten. Dies können Handlungen sein, die sich direkt auf das Wohl anderer richten oder die allgemeinen Verbindlichkeiten nachkommen, wie etwa ein Versprechen halten.« (Pauer-Studer 2003, 195)
Demgegenüber hat der ethische Bereich höhere Freiheitsgrade, denn es vertrüge sich mit einer demokratischen, Freiheiten garantierenden Gesellschaft nicht, wenn eine »Lebenskonzeption bis ins letzte normativ« geregelt wäre (Pauer-Studer 1996, 267), wie es in Diktaturen der Fall ist. Um den Unterschied zwischen Ethik und Moral weiter zu erhellen: Auf der Problemebene haben wir es mit zwei verschiedenen Arten zu tun. Ethische Problematiken sind solche, die »die Integrität eines praktischen Selbstverhältnisses stören«, moralische hingegen solche, die ein »intersubjektives Verhältnis belasten«. (Wingert 1993, 131) Ethische Erörterungen betreffen immer das Selbstverhältnis, moralische die Interaktionen vergesellschafteter Individuen. »Während ethische Probleme sich *mir* stellen, sind moralische Probleme praktische Probleme für *uns*.« (Wingert 1993, 145; Hervorhebungen von mir; D. H.)

Oder wie Rainer Forst es ebenfalls höchst treffend formuliert: »Ethische Werte und Konzeptionen des Guten antworten auf die Frage nach der eigenen Identität und dem ›für mich‹ guten Leben, allgemeine Normen antworten auf die Frage, wie das Handeln von Personen gegenüber anderen Personen allgemein legitimiert werden kann. [...] Hier geht es nicht primär um die Frage, wer ich bin oder sein will, sondern wie ich anderen gegenüber handeln soll.« (Forst 1994, 53) Moralische Regeln fordern von uns mitunter kategorisch Handlungen, die nicht der Förderung des eigenen Lebensentwurfs dienlich sind. – Selbstverständlich stehen weder für Forst noch für Wingert beide Ebenen zusammenhanglos nebeneinander, sie sind vielmehr – wie bereits eingangs angedeutet – verschränkt. (Vgl. Wingert 1993, 193 f.) Nun geht es darum, ethische Entscheidungen genauer zu beschreiben.

Gelungenes und geglücktes Leben – eine objektive Ethiktheorie

Diese Unterscheidung von Ethik und Moral nimmt Kant in der *Grundlegung zur Metaphysik der Sitten* in Abgrenzung zu den Griechen vor. (A u. B V = AA 388) Seither kehrt sie in der Nachfolge Kants in vielen philosophischen Konzeptionen der Gegenwart wieder, z. B. im Utilitarismus. (Vgl. Wingert 1993, 193 f. und Tugendhat 2003, 70) Das ist eine Trennung, die wir – wie vieles andere – der christlichen Tradition verdanken, in der der einzelne Mensch und die Frage nach einem geglückten Leben hinter der Forderung, moralisch zu leben, zurücktreten musste. (Vgl. Tugendhat 2003, 70) Diese Differenzierung entspricht außerdem der sozialen Entwicklungstendenz in der zweiten Hälfte des 18. Jahrhunderts, denn »der Staat verliert sichtbar die Kontrolle über die Glücksbeschaffung und zugleich wird dem Individuum mehr und mehr zugemutet, sich selbst um sein Glück zu kümmern«. (Luhmann 2000, 207) Es gibt nach Kant neben dem Standpunkt der Moral das Thema

des für den einzelnen Menschen Guten. Der einzelne Mensch stellt sich nun die Frage, was für ihn gut ist. (Vgl. Wingert 1993, 134) Diese Thematisierung der Ethik bezieht sich nicht nur auf bestimmte Fähigkeiten, die für den Menschen gut sind, beispielsweise, an sich zu arbeiten, um eine gute Tennisspielerin oder ein guter Koch zu werden. »Das ethisch Gute ist nicht einfach ein Wertmaßstab unter anderen Wertmaßstäben. Die Orientierung an ihm führt dazu, dass die betreffende Person sich nicht bloß in einer Hinsicht, sondern schlechthin bejahen kann.« (Wingert 1993, 136)
Die Antwort betrifft nicht nur etwas Situatives, beispielsweise die Absicht, sich ein punktuelles Glücksmoment zu verschaffen, das zu anderen – bereits erlebten oder später noch zu erlebenden – Glücksmomenten hinzuaddiert werden könnte; »das ethisch Gute erfüllt seine Funktion einer kritischen Instanz gegenüber den Wertmaßstäben einer Person auf dem Weg einer Vertiefung des Selbstverständnisses dieser Person«. (Wingert 1993, 137)
Wingert fasst das, was unter dem ethisch Guten zu verstehen ist, folgendermaßen zusammen: »Was hier beurteilt wird, sind Wertmaßstäbe dafür, was eine Person wünscht, anstrebt, schätzt. Diese Maßstäbe werden daraufhin beurteilt, ob und wie sehr sie den für das Wohl-Sein von Personen konstitutiven Anspruch erfüllen, daß sich die Person, die sich an ihnen ausrichtet, bejahen kann. Die Evaluation, daß bestimmte Maßstäbe diesen Anspruch erfüllen, begründet, warum ich es wichtig nehmen muß, mich an diesen Maßstäben zu orientieren. Und dieses Wichtig- oder Ernstnehmen heißt, es wichtig zu nehmen, derjenige zu sein bzw. zu werden, der das wünscht, anstrebt usw., was diese Maßstäbe als wünschenswert etc. auszeichnet.« (Wingert 1993, 141) Es geht folglich darum, sich anhand der Frage, welcher Mensch man insgesamt werden will, einen Orientierungsmaßstab zu entwickeln. Es geht nicht um die Orientierung in einem abgegrenzten Lebensbereich, sondern um das Menschsein eines konkreten Menschen insgesamt.

Im Gegensatz zu Habermas, der die von ihm seinerzeit in seiner Moralkonzeption eingeführte Unterscheidung zwischen dem Guten und dem Gerechten (vgl. Habermas 1991, 106ff.) heute zurücknimmt (vgl. Habermas 1996, 45), besteht Wingert zu Recht weiterhin auf dieser Unterscheidung und führt sie uns mit guten Argumenten vor Augen, wenn er sagt, »daß moralische Verpflichtungsurteile nicht im Rekurs auf das Bedürfnis der Selbstachtung des moralisch Verpflichteten begründet werden können«. (Wingert 1993, 15) Warum nicht? Dafür führt Wingert evidente Gründe an: »›Wir‹ bezieht sich [...] auf diejenigen, die miteinander zusammenleben müssen, ohne ein ethisches Selbstverständnis miteinander zu teilen, kraft dessen es für die Selbstachtung eines jeden auf die Wertschätzung aller anderen ankäme.« (Wingert 1993, 15) Moralische Werte regeln das soziale Zusammenleben, ethische Ratschläge oder Empfehlungen hingegen beziehen sich auf die je eigene Lebenswahl, richten sich auf die Sicherstellung eines lebenswerten Lebens. Daraus resultiert nun für Wingert, dass es zwei Formen des Respekts geben muss. Man respektiert auf der einen Seite das unverwechselbare Individuum mit seinen persönlichen ethischen Entscheidungen und auf der anderen das Individuum als gleichberechtigtes Mitglied einer moralischen Gemeinschaft. Und das genau meinte Wingert, als er auf dem XVII. Deutschen Kongress für Philosophie in Leipzig 1996 von »doppeltem Respekt« sprach.

Man könnte sagen: In der Ethik geht es um den Entwurf des eigenen Lebensplans. »Der Lebensplan ist das Ideal eines guten Lebens.« (Sturma 1997, 298) Dieser Lebensplan entsteht im Selbstbezug. Er »ist eine selbstreferentielle Vereinheitlichung von Handlungsgeschichten«. (Sturma 1997, 298) Dabei kommt es *nicht* auf die Erfüllung von momentanen Wünschen oder auf das Erstreben eines momentanen Glücks an, sondern auf den Plan eines guten oder gelingenden Lebens, in dem selbstverständlich das Erleben von Glücksmomenten Platz hat und der Lebensplan mit ihnen in einer Balance sein sollte.

Ethische Fragen werden mit der Frage nach dem individuellen

Glück gleichgesetzt. Und seit der griechischen Antike bis heute wird von der Frage ausgegangen, ob das Streben nach dem individuellen Glück unmoralisch sei. Bevor diese Problematik weiter erörtert wird, ist eine kurze Bilanz darüber, was unter Glück zu verstehen ist, angebracht. Günther Bien schlägt die Unterscheidung von zwei Grundbedeutungen vor, die im Lateinischen »fortuna« und »beatitudo« heißen, im Griechischen »eutychia« und »eudaimonia«, im Französischen »la bonne chance« und »le bonheur« und im Englischen »luck« und »happiness«. (Vgl. Bien 1995b, 6ff.) Nur im Deutschen finden wir keine entsprechende Unterscheidung, darum müssen wir behelfsweise von Glückszufall und Glückserfahrung sprechen. Von Glückszufall sprechen wir, wenn man, z. B. beim Überqueren der Straße knapp einem Unfall entgangen ist. Von Glückserfahrung ist dann die Rede, wenn wir von einem geglückten Leben sprechen, vom *Glücklichsein.*

Bien differenziert Glück im Sinne von »fortuna«: Es gibt erstens das eben genannte glückliche Ereignis, einem Unfall knapp entgangen zu sein, daneben gibt es zweitens die Glücksgüter wie Gesundheit, Wohlstand und Erfolg und drittens den Zustand eines »Glückskindes«. Glück im Sinne von »beatitudo« kann man dann folgendermaßen fassen: Es kann das Glück des Augenblicks sein, worunter man a) Spaß, Vergnügen, Genuss versteht oder b) geistige Höhepunktserlebnisse, wenn man glücklich über eine neue Erkenntnis ist, die man gewonnen hat. Des Weiteren zählen c) institutionalisierte Formen von Glück wie Feste, Singen, Tanzen dazu. Unter »beatitudo« – und das ist für meine Ausführungen von Bedeutung – rubriziert Günther Bien die zufriedene Seelenverfassung, die man aufgrund der eingangs angesprochenen Realisierung des eigenen Lebensplans erlangen kann. Robert Nozick differenziert in ähnlicher Weise und nennt diesen Typ des Glücksgefühls seinen ersten Typus, den er treffend so definiert: »Glück darüber, daß die eine oder andere Sache [des Lebensplans] der Fall ist.« (Nozick 1991, 118)

Von »beatitudo« oder »happiness«, also von Glückserfahrung in Bezug auf die Realisierung eines Lebensplans, den ich für mich für gelungen halte, soll im Weiteren die Rede sein, wenn ich an dieser Stelle einsetze und weiter differenziere. Ich orientiere mich dabei an der von Martin Seel vorgetragenen Konzeption. Seel konstatiert zunächst die eben dargelegte Differenz von Glück und Moral und sucht nach einer Möglichkeit, wie beides vom Individuum vereinbart werden kann. Ähnlich wie bei Forst stellt die Moral für ihn eine Schutzinstanz im Hinblick auf die Realisierung von Glücksmöglichkeiten dar. Er geht von einem inhaltlich nicht gefüllten, rein formalen Begriff des Glücks aus. Die formalen Voraussetzungen für die individuelle Ausfüllung dessen, was jeder Mensch in anderer Weise unter Glück versteht, müssen zunächst einmal erfüllt sein.

Und daraus ergeben sich nun die ersten Rückwirkungen auf die Moral. Will man allen Individuen ihre Glücksmöglichkeit oder ihre Chance zur Selbstverwirklichung gleichermaßen erhalten, dann muss man moralisch handeln, weil die Moral der wechselseitigen Anerkennung, die in allen moralischen Regeln enthalten ist, die Glückswahl ermöglicht. »Es ist der wechselseitige Anspruch der Individuen auf Anerkennung ihrer Identität.« (Honneth 1989, 550) Autonome Individualität beansprucht jeder für sich. Da alle diesen Anspruch gleichermaßen erheben, kann er nur erfüllt werden, wenn alle ihn dem jeweils anderen zubilligen.

Ganz formal muss diese Chance zur Glücksrealisierung – in der amerikanischen Unabhängigkeitserklärung »pursuit of happiness« genannt – von allen wechselseitig anerkannt werden, ganz gleich, welcher Inhalt im Einzelnen gewählt wird. Das ist nach den Worten von Thomas Pogge ein »relativ unspezifischer und anspruchsloser Maßstab« (Pogge 1997, 24), der allen »Menschen sicheren Zugang zu den Gegenständen ihrer Menschenrechte« erlaubt. (Pogge 1997, 24) Das Streben nach Glück ist ein Menschenrecht im Sinne der Menschenrechtsdeklaration, deren Artikel 28 laut Thomas Pogge die schwachen Annahmen formuliert, deren allgemeine Anerkennung die Voraussetzung für die Realisierung individuellen Glücks ist: »Everyone is entitled to a social and international order in which the rights and freedoms set forth in this Declaration can be fully realized.«

Für die Realisierung eines geglückten Lebens müssen diese genannten Bedingungen gegeben sein. Hier gilt es, eine weitere Differenzierung einzuführen. Man kann erstens mit dem eigenen Leben *jetzt* zufrieden sein oder zweitens mit seinem Leben als *Ganzem.* (Vgl. Nozick 1991, 118) Der erstere Fall ist weniger kompliziert. Es gibt zwei grundsätzliche Möglichkeiten, deren erste darin besteht, dass man mit dem ganzen Tag, der hinter einem liegt, sehr zufrieden ist; es ist fast alles gelungen, und man hat in seiner Liebesbeziehung oder seiner Arbeit große Fortschritte machen können. Die zweite Möglichkeit ist die, dass man sich in einem Prozess befindet, in dem man ständig Fortschritte macht, weshalb man sich nur noch diesem Prozess zuwenden und widmen will. – Beide Weisen der Zufriedenheit lassen uns davon sprechen, dass wir mit unserem Leben *jetzt* zufrieden sind.

Als zweiten Fall eines geglückten Lebens nennt Nozick die Zufriedenheit mit dem Leben als Ganzem. »Ein glückliches Leben wird als eines bewertet werden, das insgesamt recht gut ist.« (Nozick 1991, 121) Das wirft die Frage auf, wie man das feststellen kann. Nozick antwortet: »Vielleicht muß die Bewertung des Lebens irgendwie folgendermaßen verlaufen: daß es, auch *für* den Menschen, der es führt, in allen Dimensionen, die für ihn die wichtigsten sind, sehr gut ist, und in allen Dimensionen, die die wichtigsten *sind.* Das führt uns offensichtlich zu der Frage danach, welche Dimensionen eines Lebens die wichtigen *sind.*« (Nozick 1991, 124) Kann man sie allgemein festlegen, oder sind sie nur individuell bestimmbar, was ja aufgrund dessen, was ich bislang ausgeführt habe, nahe liegt? Sie sind individuell bestimmbar, und zwar sind es die Dimensionen, von denen Peter Schaber sagt, sie seien unter informierten Bedingungen als gut für das gelungene Leben eines

Individuums erkannt worden. (Vgl. Schaber 1998, 163) Man brauche dafür kein spezielles Erkenntnisvermögen, sondern könne von folgender treffender Bestimmung ausgehen: »Etwas ist für eine Person objektiv gut, wenn die Bekanntschaft mit dem in Frage stehenden Gegenstand bei der Person einen Wunsch nach diesem Gegenstand hervorruft.« (Schaber 1998, 163) Und das ist das individuell objektiv Gute, dessen Maßstab das subjektive Wohlbefinden der Person ist, das sich mit Blick auf den eigenen Lebensplan einstellt. In diesem Sinne ist das subjektive Wohlbefinden »ohne Zweifel ein objektives Gut«, und darum müssen wir hier von einer objektiven ethischen Theorie sprechen. (Schaber 1998, 166)

In einer objektiven Ethiktheorie, wie sie ferner Martin Seel vertritt, ist das Streben nach subjektiver Zufriedenheit als ein intersubjektiv geteiltes Streben zu bezeichnen, wobei das, was Zufriedenheit erzeugt, individuell durchaus unterschiedlich sein kann: »Was für den einen glücksfördernd ist, kann für den anderen eher hinderlich sein. [...] Man ist nur glücklich, wenn man sich auch selber glücklich fühlt. Glücklichsein ist eine subjektive Empfindung.« (Schummer 1998, 14) In dieser Hinsicht stimme ich mit Dieter Birnbacher überein, der sagt, dass es kein Zufriedenheitsparadox geben kann. (Vgl. Birnbacher 1998, 138) Als Zufriedenheitsparadox wird in der Medizin der Sachverhalt bezeichnet, dass sich der Patient anders fühlt, als es seinem objektiven Gesundheitszustand entspricht. Birnbacher berichtet über eine Befragung von 75 Patienten, die eine Hypertoniebehandlung hinter sich hatten: Danach fühlten sich nur 48 % der Patienten besser und 9 % sogar schlechter, obwohl die Ärzte bei 100 % der Patienten eine Verbesserung ihrer Blutdruckwerte feststellen konnten. (Vgl. Birnbacher 1998, 141)

Man muss nun schrittweise weiter differenzieren: Bei keinem Menschen steht der Lebensplan ein für alle Mal fest. Es kann in verschiedener Hinsicht Neubewertungen geben. Für jemanden, für den die berufliche Karriere jahrzehntelang ethische Priorität hatte, können die Familie, die Freizeit, die Kinder und

Enkel von vorrangiger Bedeutung werden. Seel führt lakonisch die folgenden Alternativen vor Augen: »Beruf und Familie, Philosophie und Dichtung, Luise und Anna.« (Seel 1995, 94)

Die formale Bestimmung übergreifenden Glücks ist folgende: Es erfüllt sich das, was sich jemand vernünftigerweise wünscht. »Wir haben demnach ein gutes Leben, wenn es uns nach und nach gelingt, eine rational verfaßte Lebenskonzeption zu erfüllen.« (Seel 1995, 95) Von einem guten Leben sprechen wir, wenn sich dabei nicht wenige Glücksmomente einstellen. Man sollte im Übrigen, um die Balance zu wahren und Zufriedenheit zu erlangen, sowieso nur nach der Realisierung der Glücksmomente streben, die in die eigene Lebenskonzeption integrierbar sind. Selbst wenn sich nur wenige Glücksmomente einstellen sollten, spricht das nicht gegen die Rationalität der Lebenswahl. (Vgl. Nida-Rümelin 1997, 139)

Nun noch ein Wort zu den Glücksmomenten. Hier ist zu bedenken, dass zu ihrer Realisierung eine bestimmte Disposition gehört. Bestimmte Menschen haben eine höhere Disposition, Glück zu empfinden, als andere. Wir sind ja keine leeren Eimer, in die Glück eingefüllt werden könnte, wie Nozick so treffend feststellt. (Vgl. Nozick 1991, 111) Die unterschiedlichen Dispositionen eines Menschen muss man berücksichtigen, wenn man von Glück spricht. Ein und derselbe äußere Zustand, beispielsweise eine blühende Frühlingswiese, kann dem einen ein Glücksgefühl bereiten, dem anderen nicht. Die Dinge und ihre Bewertungen hängen von uns und unserer psychischen Disposition ab. Nozick meint, wenn es denn ein »Geheimnis des Glücks« geben sollte, dann ist es dieses. (Vgl. Nozick 1991, 125) Glück ist immer von etwas abhängig, von Bezugspunkten, d.h. davon, ob etwas gelingt, ob man verliebt ist, ob man sich mit einem anderen Menschen gut versteht, ob man eine neue Erkenntnis hat, ob man in einer schönen Umgebung ist, ob das Essen exzellent ist. »Das Glück reitet huckepack auf anderen Dingen, die korrekt als positiv bewertet werden. […] Ohne sie kommt das Glück nicht in Gang.« (Nozick 1991, 123)

Der Zusammenhang von Ethik und Moral

Das ethisch Gute – das sei hier betont, um mögliche Irritationen zu vermeiden – ist etwas anderes als das moralisch Gute. Wenn wir vom moralisch Guten sprechen, meinen wir damit moralische Tugenden, die jemand hat. (Vgl. Benhabib 1995, 155) Das ist selbstverständlich etwas anderes als das hier beschriebene ethisch Gute. Doch abschließend will ich die Frage erneut aufwerfen, in welchem Verhältnis Ethik und Moral zueinander stehen. Diese Frage wird höchst kontrovers beantwortet. Für die Vertreter der einen extremen Position sind sie deckungsgleich, für diejenigen der anderen extremen Position haben sie gar nichts miteinander zu tun. Dazwischen gibt es eine Vielzahl von unterschiedlichen Positionen. (Vgl. Schummer 1998, 18)

Der ethische und moralische Bereich sind eingangs von mir differenziert worden. Dennoch gibt es Berührungspunkte. Ich habe dargestellt, dass die Moral die Aufgabe hat, den ethischen Bereich zu schützen. In gleicher Weise wird dem Recht diese Schutzfunktion zugeschrieben. Recht schützt nach Auffassung von Habermas »die gewissenhafte Verfolgung eines ethischen Lebensentwurfs«. (Habermas 1998, 185)

Es müssen bestimmte Bedingungen erfüllt und moralisch und rechtlich garantiert sein, damit den Individuen die Realisierung ihres Lebensplans überhaupt offen steht. (Vgl. Pauer-Studer 1996, 268) Umgekehrt ist es selbstverständlich nicht ins Belieben eines jeden Einzelnen gestellt, bei der Wahl des guten Lebens alle moralischen Aspekte außer Acht zu lassen. Herlinde Pauer-Studer verneint ganz richtig, dass die »Momente unserer Personalität einer moralischen Bewertung entzogen sind. […] Moralisch gesehen ist es schlicht nicht gleichgültig, welche Projekte und individuelle Begehren wir als für unser Leben grundlegend erklären – hier sind uns Grenzen gesetzt.« (Pauer-Studer 1993, 50) Nur innerhalb dieser von der Moral gesteckten Grenzen ist es möglich, seine Lebenswahl vorzunehmen.

Zusammenfassend ist zu sagen, dass es sich bei der Ethik und der Moral zwar um verschiedene Bereiche handelt, doch sind diese nicht durch scharfe Trennlinien voneinander geschieden, sondern durchlässig. Es gibt die eben beschriebenen Verbindungen, und man könnte von der »Zusammengehörigkeit des Differenten« sprechen. (Luhmann 2000, 11)

Recht

Der Unterschied zwischen Recht und Moral

Es gibt heute eine Diversifikation von Recht und Moral, wie sie noch für Sokrates undenkbar gewesen wäre, denn für ihn waren individuelle Tugend und gemeinschaftliches Recht identisch, und ein Verstoß gegen das Recht war unanständig im moralischen Sinne. (Vgl. Platon, *Kriton* 53 c) Den Zusammenhang von Recht und Moral und die sich daraus ergebenden Konsequenzen für den Richterstand sah Ernst Bloch: »Lange bekanntlich waren auch Regeln der Handlung, wie Sitte und Recht, fast eines. Die Sitte gab ungeschrieben an, was der Richter zu befinden hatte; er war der geachtetste Hüter des Herkommens.« (Bloch 1991, 260) Zunächst eine Einheit bildend, können wir im Verlauf der Geschichte eine Differenzierung zwischen Moral und Recht beobachten: »Am Beginn der Entwicklung [des Rechts] bildet es eine kaum zu trennende Einheit mit Religion, Moral und Sitte. [...] Seit Christian Thomasius und Immanuel Kant ist die Moral begrifflich vom Recht geschieden, ohne daß man beide letztlich trennen kann.« (Wesel 1997, 46) Die für Absolutismus und Nationalstaat charakteristische und bereits von Thomas Hobbes und Christian Thomasius angenommene Trennung von Recht und Moral sieht auch Kant in der *Einleitung zur Metaphysik der Sitten*. Ihm zufolge ist die Moral ein Gesetz für den Menschen, das einen *inneren* Zwang ausübt. Das war im durchaus emanzipatorischen, d. h. in dem Sinne gemeint, dass der Mensch von äußeren Zwängen frei sein solle. Das Recht hingegen zwinge den Menschen *äußerlich*, unter »Verzicht auf die Forderung einer rechtlichen Gesinnung«. (Kersting 1993, 103) Darum könne Recht immer nur im Zusammenhang mit der staatlichen Zwangsgewalt existieren,

sagt der Königsberger Philosoph. Die Legalität gilt deshalb – so Bloch, im expressionistischen Sprachduktus seiner frühen Jahre – »auch als die schlechthin zwangshafte, sie ist die Peitsche des Tierbändigers, nicht die Stimme des Gewissens«. (Bloch 1961, 263) Staatliche Durchsetzung des Rechts ist notwendig, denn ein Richter kann nicht sagen: »Du hast zwar recht, aber leider können wir Dir nicht helfen.« (Luhmann 1993a, 153) Rechtsnormen sind durchsetzbar, moralische Regeln nicht. (Vgl. Patzig 1971, 12) Und Kant geht sogar noch weiter, wenn er – wie von Hannah Arendt wiedergegeben – sagt, »daß ein böser Mann in einem guten Staat ein guter Bürger sein kann« (Arendt 1998, 29), was bedeutet, dass jemand die staatlichen Gesetze ohne innere Überzeugung befolgen kann.
Das jeweilige Zustandekommen unterscheidet ebenfalls rechtliche Normen von moralischen Regeln: »Der politische Gesetzgeber beschließt, welche Normen als Recht gelten.« (Habermas 1992, 147) Für moralische Regeln ist ein solches Verfahren nicht vorstellbar und darum nicht vorgesehen. Eine weitere Differenz: Rechtsnormen werden von einem bestimmten Zeitpunkt an in Geltung gesetzt – etwa »ab der Veröffentlichung im Bundesgesetzblatt«, wie es heißt. Ein solches In-Geltung-Setzen ist für moralische Werte ebenfalls undenkbar. Außerdem gilt im Recht ein klar geregelter Vorrang, beispielsweise: Bundesrecht geht vor Landesrecht; Entscheidungen höherer Instanzen heben vorinstanzliche auf; im Falle der formellen Subsidiarität hat eine Norm Vorrang vor einer anderen, z. B. § 316 StGB[14] kommt nur dann zum Zuge, wenn nicht

14 Der § 316, Absatz 1 lautet: »Wer im Verkehr (§§ 315 bis 315d) ein Fahrzeug führt, obwohl er infolge des Genusses alkoholischer Getränke oder anderer berauschender Mittel nicht in der Lage ist, das Fahrzeug sicher zu führen, wird mit Freiheitsstrafe bis zu einem Jahr oder mit Geldstrafe bestraft, wenn die Tat nicht in § 315a oder § 315c mit Strafe bedroht ist.«

schon nach § 315 a[15] oder § 315 c[16] bestraft wird. Im Bereich des Moralischen hingegen muss man bei Wertekonkurrenz selbst entscheiden, so wie ich es oben am »Zürich-Kongo-Fall« veranschaulicht habe.

Ich fasse die einzelnen Punkte zur Unterscheidung der Rechts- und Moral-Vorschriften zusammen:

1. Das Recht verzichtet auf eine rechtliche Gesinnung, weil es sich bei seiner Durchsetzung auf äußeren Zwang verlassen kann.

2. Gesetze kommen durch Beschluss des Parlaments zustande.

3. Sie gelten ab einem bestimmten Datum. Undenkbar ist, dass moralische Werte zu einem bestimmten Datum in Kraft gesetzt werden.

4. Im Recht gilt ein bis ins Einzelne geregelter Vorrang bestimmten Rechts vor anderem. »Der allgemeine Rechtsgedanke lautet, daß niedrigere Rechtsgüter, die das Strafrecht sonst schützt, wesentlich höheren geopfert werden dürfen.« (Hösle 1997c, 159) Stehen hingegen moralische Werte gleichrangig nebeneinander, ist die individuelle Abwägung der Betroffenen gefordert.

15 § 315a lautet: »Mit Freiheitsstrafe bis zu fünf Jahren oder mit Geldstrafe wird bestraft, wer 1. ein Schienenbahn- oder Schwebebahnfahrzeug, ein Schiff oder ein Luftfahrzeug führt, obwohl er infolge des Genusses alkoholischer Getränke oder anderer berauschender Mittel oder infolge geistiger oder körperlicher Mängel nicht in der Lage ist, das Fahrzeug sicher zu führen, oder 2. als Führer eines solchen Fahrzeugs oder als sonst für die Sicherheit Verantwortlicher durch grob pflichtwidriges Verhalten gegen Rechtsvorschriften zur Sicherung des Schienenbahn-, Schwebebahn-, Schiffs- oder Luftverkehrs verstößt und dadurch Leib oder Leben eines anderen Menschen oder fremde Sachen von bedeutendem Wert gefährdet.«

16 § 315c lautet: »Wer im Straßenverkehr 1. ein Fahrzeug führt, obwohl er a) infolge des Genusses alkoholischer Getränke oder anderer berauschender Mittel oder b) infolge geistiger oder körperlicher Mängel nicht in der Lage ist, das Fahrzeug sicher zu führen ...« usw.

Der Zusammenhang von Recht und Moral

Dennoch steht das Recht nicht ohne Verbindung neben der Moral; es gibt selbstverständlich einen Zusammenhang. Es scheint merkwürdig zu sein, von einem Zusammenhang von Recht und Moral zu sprechen, nachdem gemäß Kant so gravierende Unterschiede konstatiert wurden. Kant hat im Anschluss an die Darstellung der Unterschiede von Recht und Moral in der *Einleitung in die Rechtslehre* deren Berührungen, Komplementaritäten und ihre Übereinstimmung in den Grundprinzipien thematisiert (vgl. dazu Dreier 1981, 286 ff.): Obwohl er die Positivität des Rechts anerkennt, meint er, dass dessen Anwendung nach höherstufigen Prinzipien erfolgen müsse. Das Zustandekommen von Rechtsnormen erfolge nach – wir würden heute sagen – Verfassungsgrundsätzen, die ebenfalls moralisch begründet seien.

In dieser Gemeinsamkeit, dass nämlich die Wurzel beider in höheren Prinzipien zu suchen sei, deutet sich die – trotz der Unterschiede bestehende – Verbindung von Recht und Moral an. In den Kategorien der Luhmannschen Systemtheorie heißt das, dass die binäre Codierung Recht/Unrecht durch ein Programm komplettiert wird, mit dem Rechtsnormen ihre moralische Begründung finden. Für Luhmann ist der Code allein nicht existenzfähig. (Vgl. Luhmann 1993a, 165 ff.) Der kategorische Rechtsimperativ Kants verpflichte das Recht auf die Moral: »Das Recht ist also der Inbegriff der Bedingungen, unter denen die Willkür des einen mit der Willkür des andern nach einem allgemeinen Gesetze der Freiheit zusammen vereinigt werden kann.« (*Einleitung in die Rechtslehre,* AB 33) Das Gesetz der Freiheit ist bei Kant der kategorische Imperativ, demnach eine moralische Regel. In Übertragung der systemtheoretischen Terminologie auf diesen Sachverhalt könnte man sagen, dass das binär codierte positive Recht auf ein moralisches Programm verpflichtet sei. Und Ernst Bloch äußert im Anschluss an Hermann Cohen die Überzeugung, dass die »Jurisprudenz [...] die ›Mathematik der Ethik‹, Ethik die ›Idee

der Jurisprudenz‹« sei. (Bloch 1961, 265) Diese Formulierung trifft ganz und gar die Luhmannsche Idee von Programm und Code. – Für die angloamerikanische Rechtstradition ist, wie für die christlich-jüdische Tradition (vgl. Höffe 1996, 26), seit eh und je das positive Recht lediglich eine Kodifizierung des moralischen Naturrechts; so im Übrigen auch für Habermas. (Vgl. Habermas 1971, 92)
Wie wirkt sich diese Verbindung von Recht und Moral in unserer Rechtspraxis aus? Gustav Radbruch hat bereits 1946 unter dem Eindruck des Nationalsozialismus, und der daraus zu ziehenden rechtlichen Konsequenzen, gesagt, dass das positive Recht zu weichen habe, wenn es in einem unerträglichen Verhältnis zur Gerechtigkeit stünde. (Radbruch 1999, 216) Doch wie konnte man rechtspraktisch mit dieser Formel, die eine moralische Bewertung als Entscheidungsmaßstab in das Recht einführte, verfahren? Die Frage soll in erster Näherung an folgender Problematik erörtert werden, die die Gerichte zunächst in Schwierigkeiten gebracht hat.
Es gilt als Grundsatz im Strafrecht, dass menschliches Leben nicht aufrechenbar ist. Ein in der Antike durch Karneades von Kyrene konstruierter Fall, der von Kant in der *Einleitung in die Rechtslehre* aufgegriffen wurde, stellt an die Rechtskundigen die Frage, ob man denjenigen zum Tode verurteilen müsse, »der im Schiffbruche, mit einem andern in gleicher Lebensgefahr schwebend, diesen von dem Brette, worauf er sich gerettet hat, wegstieße, um sich selbst zu retten«. (*Metaphysik der Sitten*, A 41) Zweifellos kann man hier sagen, dass der Täter sein eigenes Leben höher bewertet habe, was im Strafrecht nicht erlaubt sei. Doch der Strafrichter würde dem Täter entschuldigenden Notstand zuerkennen, denn die Angst, die jemand in dieser Situation hat, macht ihn schuldunfähig.
Rechtlich komplizierter sind allerdings Fälle, in denen eine rechtliche Verurteilung erfolgen müsste, die moralische Auffassung der Richter einer solchen Verurteilung aber entgegensteht. In solchen Fällen haben die Richter zu juristischen Hilfskonstruktionen gegriffen. Eine der bekanntesten Hilfs-

konstruktionen ist der »gewohnheitsrechtlich anerkannte Rechtfertigungsgrund des ›übergesetzlichen Notstands‹«. (Schönke / Schröder 1997, 558, § 34, 2) Diese Regelung hat sich als notwendig erwiesen, da bislang nur Eingriffe in Sachgüter zugelassen waren, um höherwertige Rechtsgüter zu schützen. Der rechtfertigende Notstand[17] wurde erstmals beim medizinisch indizierten Schwangerschaftsabbruch angenommen. (RG 61, 242)

Es wurde nicht nur ein rechtfertigender Notstand, sondern auch ein schuldausschließender übergesetzlicher Notstand anerkannt. Ein entschuldigender Notstand kann – wenn die Voraussetzungen dafür vorliegen – dann angenommen werden, wenn eine rechtswidrige Tat begangen wurde, bei der keine Rechtfertigung zum Zuge kommt. Anlass zur Anerkennung des übergesetzlichen entschuldigenden Notstands ist z. B. folgender Sachverhalt, der sich während der Nazizeit zutrug: »Einige Ärzte in Anstalten für geistig behinderte Menschen hatten das Leben von einigen Anvertrauten preisgegeben, um nicht durch willfährige Kollegen ersetzt zu werden, die alle Menschen zur Tötung preisgegeben hätten.« (Jakobs 1991, 588, Abschn. 20, Rdn. 39) Bei den Richtern sträubte sich ihr moralisches Gefühl dagegen, diese Ärzte zu verurteilen. Darum gab es eine ganze Reihe von Vorschlägen, die juristisch praktikabel sein sollten, um eine Verurteilung dieser Ärzte zu verhindern. In der Literatur fanden sich Vorschläge, die von Strafmilderung bis zur Strafausschließung gingen. Der Bundesgerichtshof versuchte mit Verbotsirrtum zu helfen. (Vgl. BGH NJW 53, 513) Hier spielten moralische Überlegungen in die Rechtsentscheidungen hinein. Auf solche Fälle fand nach dem Krieg der übergesetzliche entschuldigende Notstand Anwendung (vgl. Hösle 1997c, 844), und zwar bisher ausschließlich für solche Fälle. Ob heute überhaupt »ein übergesetzlicher entschuldigender

17 Auf die Ausbildung des rechtfertigenden Notstands hatte Hegel nachweislich Einfluss. (Vgl. Hösle 1998, 516)

Notstand anzuerkennen ist, ist streitig«. (Jakobs 1991, 411, Abschn. 13, Rdn. 6)

Für die Anwendung des übergesetzlichen entschuldigenden Notstands müssen allerdings klar umrissene Voraussetzungen gegeben sein, wie Jakobs anführt:

a) »Auch das gerettete Interesse muß von existentiellem Gewicht sein.

b) Das verletzte Interesse muß sowieso verloren sein, und zwar wegen einer nicht überirdischen Katastrophenkonstellation [...]. Droht ein Güterzug auf einen voll besetzten Personenzug aufzufahren und lenkt ihn ein Weichenwärter auf ein Nebengleis um, wo dann freilich ein Streckenarbeiter getötet wird, so ist diese Manipulation von Schicksal nicht schon wegen des positiven Saldos an Menschenleben entschuldigt. [...]

c) Andere Möglichkeiten zur Erhaltung des geretteten Interesses müssen fehlen.

d) Daß der Täter ›subjektiv den Rettungszweck verfolgt‹ haben müsse, ist hier so wenig Voraussetzung der Entschuldigung wie beim entschuldigenden Notstand [gemeint ist hier der gesetzliche Notstand]; es widerspricht dem Tatprinzip, zur Entschuldigung im subjektiven Bereich mehr zu verlangen als eine Kenntnis der Konfliktlage und der abwendenden Wirkung des eigenen Verhaltens.« (Jakobs 1991, 589 f., Abschn. 20, Rdn. 42)

Es kommt bei gerichtlichen Entscheidungen immer wieder zu Konflikten zwischen Recht und Moral. In einer Entscheidung des Oldenburger Landgerichts wurde eine Blockadeaktion von Greenpeace gegen das Dünnsäure-Verklappungsschiff »Kronos Titan« Ende Mai 1988 als moralisch geboten, doch widerrechtlich gekennzeichnet, denn – so der Richter in der mündlichen Verhandlung – es sei für den Bürger nicht zu fassen, dass weiterhin Gift und Müll in die Nordsee gekippt und die Umwelt auf diese Weise belastet würde.

Um genauer zeigen zu können, was in der Gegenwart nicht nur der Rechtsbegründung und -anwendung zugrunde liegt, sondern zugleich der Moral, will ich auf das Rechtskonzept von Ronald Dworkin hinweisen. Dworkin geht davon aus, dass in Rechtsregeln Rechtsprinzipien Berücksichtigung finden. Ein Prinzip, das Dworkin häufig anführt und das in dem Urteil Riggs gegen Palmer zum Zuge gekommen ist, lautet: Niemand darf aus seinem eigenen Vergehen einen Nutzen ziehen. In diesem Fall war es so, dass der Erbe, der im Testament seines Großvaters bedacht wurde, Angst hatte, das Erbe nicht zu erhalten, als sein Großvater eine junge Frau heiratete. Deshalb hat der Erbe seinen Großvater umgebracht. Wegen des genannten, aus dem Gewohnheitsrecht stammenden Prinzips hat der Mörder die Erbschaft nicht erhalten. (Vgl. Dworkin 1984, 56 f.) »Der Ursprung dieser Prinzipien als Rechtsprinzipien«, hat Dworkin gesagt, »liegt nicht in einer bestimmten Entscheidung einer gesetzgebenden Körperschaft oder eines Gerichts, sondern in einem Sinn für Angemessenheit. [...] Der fortdauernde Einfluß der Prinzipien hängt davon ab, daß dieser Sinn für Angemessenheit aufrechterhalten wird.« (Dworkin 1984, 82) Hier spielt der moralische Angemessenheitsgesichtspunkt ins Recht hinein.

Richterliche Entscheidungen kommen – so kann man resümieren – aufgrund von Prinzipien zustande, die zu angemessenen Entscheidungen führen. Die direkte Anwendung des Rechts geschieht nach Rechtsregeln. Die Auslegung der Regeln erfolgt nach Angemessenheit garantierenden Prinzipien, die ihrerseits politische Zielsetzungen repräsentieren. (Vgl. Dworkin 1984, 153) Ronald Dworkin stellt den Zusammenhang zwischen politischer Zielsetzung und Rechtsregeln her, um zu gerechten Entscheidungen gelangen zu können. Das ist sinnvoll, denn Recht hat wie Moral die Funktion, soziale Interaktion problemlos zu ermöglichen. Verantwortlich für die Erhaltung und Konstituierung von rechtlichen Regeln ist die Politik. Dworkin nennt das die Verbindung konstituierende Prinzip Integrationsprinzip, ohne das gerechte Entscheidungen nicht realisierbar seien. Gerechte Entscheidungen sind nach Dworkins Auffassung nur auf Basis eines »single, coherent set of principles« (Dworkin 1986, 166) möglich, das wiederum nur durch Integration von politisch-gesellschaftlicher Zielsetzung mit Rechtsentscheidungen entstehen kann. Das bezieht Dworkin ebenso auf die Gesetzgebung, denn »eine Gesetzgebung, die ein bestimmtes Recht neu schafft, ohne die Kohärenz mit anderen Rechten zu berücksichtigen, oder die bestimmte politische Ziele in der Weise verfolgt, daß sie willkürliche Kompromisse schließt, die zur einseitigen Bevorzugung einer Rechtsposition führen, behandelt nicht alle mit gleicher Achtung und gleichem Respekt«. (Günther 1988, 349)

All das – rechtliche Regeln und Prinzipien, moralische Regeln, politische Entscheidungen – kulminiere in einem gerechten Grundsatz, der dem gesamten Ensemble zugrunde liegt. Im Gegensatz zu Auffassungen, die einerseits die Gerechtigkeit als Moralbegriff bestimmen oder andererseits als Rechtsbegriff, ist für Dworkin die Gerechtigkeit beiden Bereichen vorgelagert. Es gibt für ihn einen wesentlichen Grundsatz, der dem Grundsatz von John Rawls in seiner *Theorie der Gerechtigkeit* gleicht und den Dworkin in der Auseinandersetzung mit der Rawlsschen Theorie gefunden hat. Er gilt für rechtliche Regeln ebenso wie für moralische: »Wir können [...] sagen, daß die Gerechtigkeit als Fairneß auf der Annahme eines Naturrechts auf gleiche Rücksicht und Achtung beruht, das alle Männer und Frauen besitzen, und zwar nicht kraft ihrer Herkunft oder bestimmten Merkmale oder Verdienste oder Vortrefflichkeit besitzen, sondern einfach deswegen, weil sie menschliche Wesen sind, die die Fähigkeit haben, Pläne zu machen und Gerechtigkeit zu üben.« (Dworkin 1984, 300)

Der moralische Gesichtspunkt liegt dem deutschen Strafprozess nicht nur zugrunde, sondern prägt ihn in allen Phasen. Was bedeutet das? Dieses Prinzip der Fairness speist sich aus der Einsicht, dass der Strafprozess »für die meisten Bürger die intensivste Konfrontation mit der staatlichen Hoheitsgewalt« darstellt. (Tiedemann 2003, 117) Darum ist zur Erfüllung des Prinzips der *fair trial* gefordert, bei dem »eine möglichst genaue rechtliche Regelung und Eingrenzung der staatlichen Machtbefugnisse sowie der Rechte und Pflichten des Tatverdächtigen« erfolgen. (Tiedemann 2003, 117) Nur so kann sich Gerechtigkeit durchsetzen.

Wenn Recht sich nicht mehr auf vorgefundene Wahrheit, auf letzte Normen und Werte oder den auf Gottes Gnaden beruhenden Befehl des Souveräns berufen kann, dann bedarf es in der Demokratie einer anderen Legitimationsgrundlage, um Anerkennung zu finden. Wir nennen sie mit Luhmann »Legitimation durch Verfahren«. (Vgl. Luhmann 1983) Die Funktion des Verfahrens ist es, zu einer bindenden Entscheidung zu gelangen, die von Dritten akzeptiert wird, so dass keine spezifischen Interessen Einzelner soziale Bindungswirkung bekommen können. Akzeptiert werden allerdings nur Entscheidungen eines *fair trial*.

Wie ist es bei diesen Entscheidungen möglich, dass sie von allen Beteiligten, selbst wenn sie den Prozess verloren haben, anerkannt werden? Das geschieht durch *die Gleichheit der Chance, befriedigende Entscheidungen zu erhalten. Auf diese Weise kann man die formalen Prinzipien eines rechtlichen Verfahrens bejahen, den Inhalt der Entscheidung im konkreten Fall dennoch ablehnen.* Beides muss voneinander getrennt werden. Darum realisiert sich in einem rechtsstaatlichen Verfahren Gerechtigkeit. Ein Verfahren, in dem die Regeln strikt eingehalten werden, nennen wir *fair trial*. Durch die strikte Einhaltung der Regeln soll die »Waffengleichheit« zwischen Staatsanwaltschaft und Beschuldigtem hergestellt werden. (Vgl. Pfeiffer 1999, Rdn. 29) Das entspricht dem moralischen Fairnessgebot.

Zusammenfassend muss man festhalten, dass es sowohl Unterschiede zwischen Recht und Moral gibt wie auch Verbindungen und Komplementaritäten. Norbert Hoerster fragt, ob es eine moralische Pflicht zum Rechtsgehorsam gibt. (Vgl. Hoerster 1987, 129) Er bejaht diese Frage unter Bezugnahmen auf Sokrates in Platons Dialog *Krition*. Hoerster argumentiert so, dass der Staat die »fundamentalen Güter und Interessen (wie Leben, körperliche Integrität, Bewegungs- und Handlungsfreiheit)« des einzelnen Bürgers schütze. (Hoerster 1987, 136) Darum sei im Regelfall kein Bürger »an einem Zusammenbruch staatlicher Ordnung [...] interessiert [...]. Das heißt aber, daß er Verhaltensweisen ablehnen muß, die zu einem solchen Zusammenbruch führen. Er muß es also auch ablehnen, wenn seine Mitbürger den Respekt vor dem geltenden Recht verlören.« (Hoerster 1987, 137) Daraus ergibt sich für Hoerster die moralische Pflicht zum Rechtsgehorsam: »Die moralische Pflicht zum Rechtsgehorsam ist in ihrem Status nicht anders aufzufassen als etwa die moralische Pflicht, nicht zu lügen.« (Hoerster 1987, 139) Davon war weiter oben in dem Streit zwischen Constant und Kant bereits die Rede. Baruzzi hatte in seiner Stellungnahme zu diesem Streit angeführt, dass eine Lüge den Sozialvertrag, und damit die Grundlage der menschlichen Gemeinschaft, gefährde. (Vgl. Baruzzi 1996, 80)

Es gibt noch einen weiteren Sachverhalt, der den Zusammenhang von Recht und Moral belegt. Der moralische *common sense* in einer Gesellschaft nimmt stets Einfluss auf die rechtliche Normierung. Der Änderung des Abtreibungsparagraphen und der Verfassungsgerichtsentscheidung vom 28. Mai 1993 ging – wie ich weiter oben schon ausführte – eine lange öffentliche Moraldiskussion voraus, bei der nach der richtigen Antwort gesucht wurde. Das in dieser breit geführten Diskussion Vorgebrachte ging in die Überlegungen des Gesetzgebers und in die der Verfassungsrichter ein. Daraus ergibt sich die

Komplementarität von Recht und Moral. Es gibt keine Rechtsordnung, die sich aus sich selbst speist und sich aus sich selbst speisen könnte. Sie ist immer bezogen auf den moralischen Konsens in der Gesellschaft, in der die Rechtsordnung gilt. Andererseits sind Recht und Moral zwei verschiedene Institutionen, die beide die Funktion der Erhaltung unserer Gesellschaft haben und das Ziel, die Probleme, die aus der doppelten Kontingenz erwachsen, zu vermeiden. Uwe Wesel erhellt das Gesagte mit zwei Beispielen: »Der Betreiber eines Kraftwerks, das die Umwelt verschmutzt, mag dafür eine einwandfreie Genehmigung haben. Er handelt rechtmäßig, aber unmoralisch. Wenn sich umgekehrt Atomwaffengegner vor Raketenstellungen auf die Straße setzen, so verstößt ihr Protest gegen das Recht, hat aber die Moral auf seiner Seite.« (Wesel 1996, 388 f.) Diese Beispiele lassen die Unterschiede zwischen Recht und Moral deutlich zutage treten.

Das Lernen moralischer Regeln

Morallernen vor dem Spracherwerb

Entwicklungspsychologen vermuteten stets, dass das Morallernen schon vor dem Spracherwerb einsetzt. Da unser Gedächtnis sich erst später entwickelt, fehlt uns die Erinnerung an unser Erleben in den ersten beiden Lebensjahren. Und bislang fehlten die Forschungsmethoden, mit denen die Vermutung, dass Morallernen bereits in den ersten beiden Lebensjahren erfolgt, hätte erhärtet werden können. Über solche verfügen die Entwicklungspsychologen inzwischen aufgrund technischer Hilfsmittel, so dass wir Aussagen darüber treffen können, ob Morallernen bereits in der präverbalen Entwicklung möglich ist: »Die wissenschaftliche Entwicklung erreichte einen Wendepunkt, als wir den Babys Fragen zu stellen begannen, die sie tatsächlich beantworten konnten. Hatte man erst die Antwortmöglichkeiten erkannt, konnte man die passenden Fragestellungen entwickeln.« (Stern 1991, 13) Bei den Fragen an die Säuglinge handelt es sich um Experimente; ihre Verhaltensweisen im Experiment sind die Antworten.
Ich gebe zwei eindrucksvolle Beispiele, die nicht direkt etwas mit Morallernen zu tun haben, hier dennoch wieder, damit man sich ein Bild von dieser neueren Forschungsarbeit machen kann: Lange Zeit wurde die Auffassung vertreten, dass Säuglinge nicht gut hören können. Heute weiß man, dass sie ausgezeichnet hören. Ein Experiment zur Überprüfung dieses Befundes ist das folgende: Man gibt dem Baby einen Schnuller, der mit einem elektronischen Druckumwandler ausgestattet und mit einem Tonband gekoppelt ist. Wenn nun der Säugling in einem bestimmten Rhythmus saugt, schaltet sich das Tonband ein, und er hört vom Tonband die Stimme seiner Mutter. Nun kann man ein anderes Tonband mit einer frem-

den Stimme bespielen, und diese fremde Stimme wird ausgelöst, wenn das Kind mit einem anderen Rhythmus saugt. Man hat festgestellt, dass der Säugling den Saugrhythmus bevorzugt, der dazu führt, dass er die Stimme seiner Mutter vom Tonband hört. (Vgl. Stern 1996, 64 und Dornes 1997)
Noch ein weiteres Beispiel: die intersensorische Koordination. Es geht dabei um folgendes Problem: Wenn wir als Erwachsene einen Tisch sehen und dann diesen Tisch berühren, dann sind das für uns nicht zwei verschiedene Tische, sondern es ist ein Tisch. Die Sinneswahrnehmung des Berührens und die Sinneswahrnehmung des Sehens vermitteln uns verschiedene Aspekte ein und desselben Objekts. Wie erlebt das kleine Kind die Objekte, wenn es das Gesicht seiner Mutter sieht und die Mutter mit ihm spricht? Sind das zwei verschiedene Mütter; eine Mutter, die es hört, und eine, die es sieht? Oder existiert von Anfang an so etwas wie ein einheitliches Objektkonzept? Um das zu überprüfen, gibt es faszinierende Untersuchungen. Man steckte z. B. einem vierzehn Tage alten Säugling einen Schnuller mit Noppen in den Mund – den Schnuller dürfte er vorher nicht gesehen haben –, und im Anschluss daran zeigte man ihm zwei Schnuller, einen mit Noppen und einen ohne Noppen; er sah dann lieber den Schnuller mit den Noppen an, d. i. der Schnuller, den er im Mund hatte. Das heißt, er stellte eine Verbindung her zwischen dem, was er im Mund fühlte, und dem, was er sah. (Vgl. Stern 1996, 75 und Dornes 1997)
Zu welchem Ergebnis kommen nun die Untersuchungen der Säuglingsforschung im Hinblick auf die *moralische Entwicklung?* Martin Dornes erklärt in einem Interview[18]: Säuglinge explorieren beispielsweise ihre Genitalien, wobei man ihnen heute nicht mehr wie früher droht oder ihnen die Hände festbindet, wie man in dem Buch *Schwarze Pädagogik* von Katha-

18 Interviewäußerungen, die in seiner Sendung für die Sendereihe »Wissenschaftsjournal« des Norddeutschen Rundfunks (Redaktion: Wolfgang Hausmann) entstanden sind, die am 11. September 1993 ausgestrahlt wurde.

rina Rutschky nachlesen kann. Das erweist sich als unnötig, denn wenn die Eltern Unbehagen empfinden, kommunizieren sie es über ihren Gesichtsausdruck. Die jungen Erdenbürger können solche Gesichtsausdrücke sehr gut lesen, d. h., dass die Einstellung der Eltern zu diesem Genitalspiel über ihren Gesichtsausdruck vermittelt und vom Baby verstanden wird. Somit ist evident, dass die Inhalte moralischer Regeln dem Säugling bereits früh vermittelt werden. Man kann demnach ganz generell sagen, dass das Baby und das Kleinkind sich an der Moralauffassung der Bezugspersonen orientieren. Das werde ich nun genauer explizieren.

Dornes sieht folgende Entwicklungsschritte: Im ersten Lebensmonat können Säuglinge ein unnatürliches Gesicht noch nicht von einem natürlichen unterscheiden. Hält man ihnen ein Bild vor, bei dem etwa Kinn und Mund oben sind, sieht das kleine Kind dieses Bild genauso gern an wie ein natürliches Bild von einem Gesicht. Ab dem zweiten Monat konzentriert es sich auf Teilkomponenten des Gesichts. Zwischen dem zweiten und fünften Monat lernt der Säugling, das Gesichtsinnere zu lesen, doch er reagiert noch nicht emotional auf unterschiedliche Stimmungen. Ab dem fünften bis siebten Monat beginnt das Kind, auf Stimmungen anderer zu reagieren. Nimmt man dem Säugling in diesem Alter beispielsweise einen Keks weg, ist er traurig. Hält man ihm dann die Bilder eines traurigen und eines fröhlichen Gesichts vor, sieht er das traurige Gesicht an. Ab dem neunten Monat wird mit Hilfe der Bezugsperson die Welt erforscht. Dann hat das Kleinkind ein wirkliches Affektverständnis. (Vgl. Dornes 1993, 153 f.)

Dieses Verhalten lässt sich auf der Basis des Selbstkonzepts erklären, das der Entwicklungspsychologe und Psychoanalytiker Daniel N. Stern entworfen hat. (Vgl. Stern 1996, 47 ff.) Für die Zeit bis zum zweiten Lebensmonat spricht er von einem *im Auftauchen begriffenen Selbst* oder vom *körperlichen Selbst*, das ein »erlebnishaftes Selbstempfinden« ist: »Der Säugling macht sich eifrig daran, verschiedenartige Erfahrungen zueinander in Beziehung zu setzen. Seine sozialen Fähigkeiten arbeiten mit kraftvoller Zielstrebigkeit auf die Sicherung sozialer Interaktionen hin. Diese Interaktionen erzeugen Affekte, Wahrnehmungen, sensomotorische Vorgänge, Erinnerungen und andere kognitive Prozesse.« (Stern 1996, 49) Das Baby nimmt die Welt durch insgesamt sieben Sinne wahr, und es ist reizhungrig: Gleichgewichtssinn, Tastsinn, Tiefenwahrnehmung, Sehen, Hören, Riechen, Schmecken. Jeder Sinn hat andere Rezeptoren, die jeweils andere Sinnesreize aufnehmen können, so dass es denkbar ist, dass der Säugling die Umwelt als Chaos erlebt, dass er z. B. nicht weiß, dass die Brust, die er fühlt, die gleiche ist, die er sieht und riecht und schmeckt. Man hat – wie ich oben bereits erwähnte – herausgefunden, dass so kleine Wesen über eine erstaunliche Fähigkeit verfügen, die Stern *amodale Wahrnehmung* nennt: Sie »wissen« bereits in den ersten Lebenswochen, dass das, was sie sehen, das gleiche ist wie das, was sie z. B. fühlen. Sie verfügen – wie ich am Beispiel des genoppten Schnullers gezeigt habe – über die Fähigkeit der intersensorischen Koordination. Egal, über welchen Sinneskanal sie wahrnehmen, sie können es in die Wahrnehmung aller anderen Kanäle »übersetzen«. Das ist die Voraussetzung dafür, dass sie sich später als eine Person, als ein Selbst erleben können, denn bereits der Säugling erfährt sich nicht als jemand, der nur sieht, und dann als einen anderen, der nur fühlt.

Stern geht weiter davon aus, dass sich nach dem zweiten bis dritten Lebensmonat das *Kern-Selbst* herausbildet, wenn das Baby anfängt wahrzunehmen, dass die Bezugsperson und es selbst körperlich zwei verschiedene Personen sind. Es »entdeckt« den Anderen. Diese Entdeckungen beziehen sich auf das, was »hinter« den körperlichen Geschehnissen steht. »Selbst und Anderer sind unter dieser subjektiven Perspektive nun qualitativ neu definiert und können unsichtbare, aber erschließbare innere Zustände wie z. B. Absichten oder Affekte, die das beobachtbare Verhalten steuern, ›in Erinnerung behalten‹.« (Stern 1996, 48) Dies bedeutet, dass die Intersubjektivität eine neue Qualität bekommt.

Stern bezeichnet die nächste Entwicklungsstufe als *subjektives Selbst*, das sich nach dem siebten bis neunten Lebensmonat herausbildet. Hier geht es nun um die Koordination der eigenen Gefühle mit den Gefühlen der anderen, um die so genannte Affektabstimmung. Es wird ein gemeinsamer Fokus der Aufmerksamkeit gefunden, die Gefühlszustände der anderen werden erkannt, und dann spürt das Kind, ob sie mit den eigenen übereinstimmen. Säuglinge erfahren, dass es getrennte und doch berührungsfähige Innerlichkeiten gibt. Sie entwickeln in diesem Alter das Verlangen, ihre inneren Erfahrungen mit anderen Menschen zu teilen. Oder: Sie wollen den anderen erkennen und selbst erkannt werden. Dieses Gemeinsamkeitserleben ist qualitativ ein anderes als das zum Zeitpunkt der Kernbezogenheit.
Nach dem fünfzehnten bis dem achtzehnten Lebensmonat entwickelt das Kleinkind das *verbale Selbst*. Den gesamten Prozeß der Selbst-Entwicklung zeigt Stern in dem folgenden Schema.

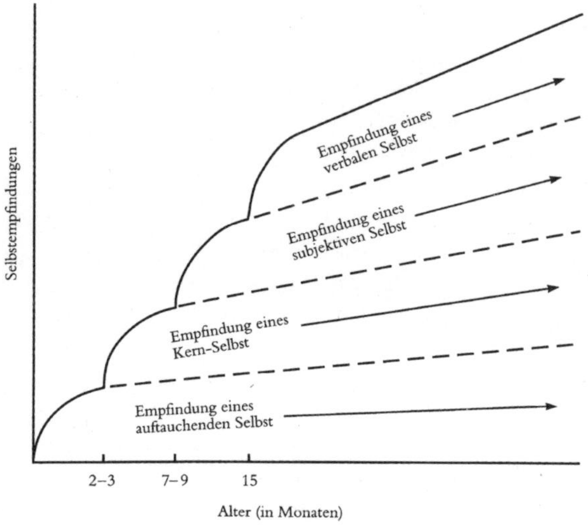

Spätestens nach dem siebten bis neunten Monat nun beginnt das Lernen moralischer Regeln, so wie es am Beispiel der Exploration der Genitalien gezeigt wurde. Das Baby entdeckt, was hinter den körperlichen Regungen der Bezugspersonen steckt, was es bedeutet, wenn die Eltern wegsehen oder das Gesicht verziehen. Stern spricht in diesem Zusammenhang von Affektabstimmung: »Auf diese Weise vermögen Wünsche, Befürchtungen, Verbote und Phantasien der Eltern das seelische Erleben des Kindes zu konturieren.« (Stern 1996, 291) Das Kind erfährt so, welche subjektiven Erlebnisse innerhalb oder außerhalb der Grenzen der Akzeptanz liegen, was demnach erlaubt ist und was nicht. Dabei haben kleine Kinder ein differenziert ausgebildetes Sensorium. Stern erzählt von einem begeisterungsfähigen Säugling. Die Mutter ließ sich von der Begeisterung mühelos anstecken, allerdings nur in bestimmten Situationen. Das Baby nahm haargenau wahr, dass bestimmte Zustände für die Mutter von Bedeutung waren, andere nicht oder weniger. (Vgl. Stern 1996, 293) Diese differenzierte Wahrnehmungsfähigkeit der kleinen Kinder erlaubt es ihnen, Botschaften, die meist sehr komplex sind, zu entschlüsseln. Eltern haben die Fähigkeit, ihren Botschaften auf unterschiedliche Weise Ausdruck zu verleihen: Sprache und Körperlichkeit mit vielen Differenzierungsmöglichkeiten. Wenn die Mutter beispielsweise mit einem Lächeln sagt »Tu das nicht!«, was soll das Baby davon halten? Dennoch, Säuglinge können – wie gesagt – aufgrund ihrer differenzierten Wahrnehmungsfähigkeit die »wahre« Botschaft entschlüsseln.

Nehmen wir einmal an, die Botschaft sei eindeutig: Das Kind näherte sich einer Steckdose. Die Mutter »schrie ›Nein!‹ mit starker stimmlicher Anspannung, niedriger Tonhöhe, starkem Nachdruck, voller Gesichtszuwendung und stürzte zu dem Kind hin. Solche Verhaltensweisen ließen den Säugling auf der Stelle in seinem Tun innehalten. Es war also klar, daß der Säugling zuweilen mit einem ganzen Aufgebot unzweideutiger Verbotssignale konfrontiert wurde.« (Stern 1996, 303) Nehmen

wir an, dass die Botschaften in der geschilderten Eindeutigkeit gegeben werden, dann ist diese Regel – so zeigen die Erfahrungen – doch noch nicht generalisiert. Sie bezieht sich nicht gleich auf alle Steckdosen, denen der Säugling begegnet. Was muss geschehen, damit das Baby diese Regel, nicht an Steckdosen zu gehen, als eine generelle Regel lernt? Berger und Luckmann zeigen den weiteren Prozess, hin zum Lernen einer Regel als einer generalisierten, auf. In der Primärsozialisation beispielsweise lernt das Kind, »artig, sauber und ehrlich« zu sein. (Berger 1977, 111) Als Beispiel dafür kann Folgendes stehen: Wenn ein Kind Suppe verschüttet, lernt es sehr schnell, dass »Mami böse wird«. Der nächste Lernschritt ist, dass die Mutter *immer* böse ist, wenn Suppe verschüttet wird. »Wenn weitere signifikante Andere – Vater, Oma, große Schwester und so weiter – Mamis Abneigung gegen verschüttete Suppe teilen, wird die Gültigkeit der Norm subjektiv ausgeweitet. Der entscheidende Schritt wird getan, wenn das Kind erkennt, daß *jedermann* etwas gegen Suppeverschütten hat. Dann wird die Norm zum ›Man verschüttet Suppe nicht‹ verallgemeinert.« (Berger/Luckmann 1980, 143)
Hier sei noch angemerkt, dass sich das Lernen des Säuglings in dieser Phase nicht ausschließlich auf moralische Regeln bezieht. Kognitive und moralische Erkenntnis sind für ihn sowieso keine getrennten Bereiche. Ich stimme George Herbert Mead zu, der sagt: »Die frühesten Objekte sind soziale Objekte, und alle Objekte sind anfangs soziale Objekte. Die spätere Erfahrung differenziert zwischen den sozialen und den physischen Objekten.« (Mead 1987, Band 2, 164) Darum orientiert sich der junge Erdenbürger bei seiner Weltaneignung an der Bezugsperson. Lässt man beispielsweise einen blinkenden Roboter ins Zimmer fahren, sieht das Kind zunächst in das Gesicht der Bezugsperson. Hat sie selbst ein ambivalentes Verhältnis zu technischen Dingen, wird sich das Baby an die Bezugsperson anschmiegen. Hat die Bezugsperson allerdings ein offenes Verhältnis zu technischen Dingen, wird der Säugling vom Schoß krabbeln und sich dem Roboter interessiert

nähern. (Vgl. Stern 1996, 189 f.) »Zwischen dem neunten und zwölften Lebensmonat fängt er an, in solchen Situationen seine Mutter anzuschauen, um zu sehen, wie sie die Sache aufnimmt. Muß man Angst davor haben? Oder kann man mit fröhlicher Neugier darauf zugehen? [...] Er ist nun in der Lage, den psychischen Gefühlsstatus seiner Mutter zu erforschen und seine eigenen Gefühle daran auszurichten. [...] Er hat erkannt, daß er und seine Eltern verschiedene Gedankenwelten besitzen, daß sie diese aber auch miteinander teilen können. Diese Entdeckung der Intersubjektivität stellt einen enormen Entwicklungsschritt dar.« (Stern 1991, 92)

Morallernen nach dem Spracherwerb

Kleine Kinder lernen – wie wir eben gesehen haben – moralische Regeln spätestens ab dem siebten bis neunten Monat über die Interpretation der Gesichtsausdrücke ihrer Bezugspersonen. Nehmen wir einmal an, dass sie eine Regel als eine gelernt haben, die generalisiert ist, wobei außer Betracht bleiben soll, in welchem Alter das geschehen ist. Bedeutet das, dass sie diese befolgen werden? Nein, das Wissen von moralischen Regeln und die Befolgung dieser Regeln sind zwei verschiedene Dinge. In Übereinstimmung mit Larry P. Nucci und Elliot Turiel zeigen Monika Keller und Gertrud Nunner-Winkler, dass bereits die jüngeren Kinder die Regeln kennen. Sie wissen sogar um die Objektivität von moralischen Regeln; sie sind, wie Nunner-Winkler in vielen ihrer Publikationen immer wieder im Anschluss an Untersuchungen von Turiel zeigt, kleine moralische Realisten: »Den Kindern wurden verschiedene Regeln vorgelegt: Spielregeln (z. B.: Murmelspiel), soziale Konventionen (Darf man Spaghetti mit den Fingern essen?), Klugheitsregeln (Muß man jeden Abend die Zähne putzen?), moralische Regeln (Darf man ein anderes Kind schlagen?). Dann wurden die Kinder befragt: ›Stell Dir vor, es gibt eine Familie/eine Schule/ein Land, da darf man Murmeln anders spielen/Spaghetti mit den Fingern essen/ein anderes Kind schlagen/da braucht man die Zähne abends nicht zu putzen.‹ Es zeigte sich, daß Kinder sehr klar unterscheiden zwischen Normen, die zu allen Zeiten und in allen Kulturen eine unbedingte, von Sanktionen und Autoritäten unabhängige, Gültigkeit besitzen: Man darf ein anderes Kind nicht schlagen, auch wenn der Vater/der Direktor/der König es erlauben – ›nicht einmal Gott darf das tun‹ [...]. Hingegen darf man Spaghetti mit den Fingern essen, wenn dies in einem Lande Brauch ist; man darf dies allerdings nicht tun, wenn es Sitte ist, Besteck zu verwenden. Wer Spielregeln mißachtet, spielt einfach ein anderes Spiel, und wer Klugheitsregeln nicht befolgt, der schadet sich selbst.« (Nunner-Winkler 1992, 254 und vgl. Nunner-Winkler 2003, 670)

Kinder wissen folglich sehr früh, dass es kategorische Moralregeln gibt. Erst viel später entwickeln sie eine moralische Haltung; diese kommt – wie Aristoteles sagt – durch Gewöhnung zustande. Monika Keller schreibt: »Meine Untersuchung hat belegt, dass hedonistische Interessen insbesondere bei jüngeren Kindern für die praktische Entscheidung von Bedeutung sind.« (Keller 2004) Die hedonistischen Interessen beim moralischen Handeln nehmen im Laufe des Älterwerdens ab, so dass man sagen kann, dass die Kenntnis von moralischen Regeln und die moralische Haltung oder die Motivation, den Regeln zu folgen, kontinuierlich konsistenter werden. Diese Ergebnisse werden durch Nunner-Winklers Forschungen erhärtet. (Vgl. Nunner-Winkler 2004) Danach wissen jüngere, vierjährige Kinder, dass man dem anderen Kind seine gebrannten Mandeln nicht klauen darf. Sie tun es trotzdem, weil gebrannte Mandeln »so gut schmecken«. Oder: Sie wissen zwar, dass man teilen sollte, nehmen die Cola dennoch für sich allein. Elfriede Billmann-Mahecha und ich modifizieren in kritischer Abgrenzung zu Nunner-Winkler den empirischen Zugang, kommen dennoch zu einem ähnlichen Ergebnis wie die beiden vorher genannten Autorinnen. (Vgl. Billmann-Mahecha/Horster 2004) Wir sind – wie Nunner-Winkler – zwar ebenfalls der Auffassung, dass Gefühle evoziert werden, wenn zu moralischen Regeln Stellung bezogen wird. Doch lässt sich wohl kein genauer Rückschluss auf die Motive für moralisches Handeln ziehen, wenn man sie über projektive Emotionszuschreibungen ermitteln will, wie Gertrud Nunner-Winkler es tut. Über Emotionszuschreibungen erhält man nur einen unzuverlässigen Zugang zu und Aufschluss darüber, wie Handlungsmotive basiert sind, ob auf Gründen oder auf Wünschen. Man kann – kurz gesagt – nicht aufgrund der Aussage, dass gebrannte Mandeln gut schmecken oder man Lust hat, die ganze Cola alleine zu trinken, auf die fehlende Motivation schließen, moralische Regeln zu befolgen. Dennoch muss man Folgendes festhalten: Wenn auf unterschiedlichem Wege ähnliche Ergebnisse zustande kommen, stützt das die externalistische Auffassung. Daraus folgere ich, dass die Unterstützung der Herausbildung einer moralischen Haltung eine Aufgabe für Pädagogen ist.

Die Ergebnisse zeigen, dass das Lernen von moralischen Regeln ein Prozess ist, ein Prozess, der sich in der Sozialisation unmerklich vollzieht. Es dauert nicht lange, bis man anfängt, moralische Regeln kennen zu lernen. Mit dem siebten bis neunten Monat spätestens beginnt das Lernen moralischer Regeln. Man kann sicher sein, dass Kinder die wichtigsten moralischen Regeln mit drei oder vier Jahren bereits kennen. So zeigen es jedenfalls die genannten Untersuchungen von Nunner-Winkler. Von da an ist es noch ein Entwicklungsprozess, bis die Kinder die Haltung entwickeln, moralische Regeln als kategorische zu akzeptieren und zu befolgen. Diese so genannte Internalisierung von moralischen Regeln beginnt nach unseren Untersuchungen etwa um das 10. Lebensjahr herum. Warum es für das menschliche Zusammenleben notwendig ist, moralische Regeln internalisiert zu haben, hatte ich im Kapitel über die moralischen Gefühle bereits erörtert.

Literatur

Anscombe, Gertrude Elizabeth Margret: Moderne Moralphilosophie, in: Günther Grewendorf und Georg Meggle (Hg.): Seminar: Sprache und Ethik. Zur Entwicklung der Metaethik, Frankfurt a. M. 1974, S. 217–243.

Apel, Karl-Otto: Zur geschichtlichen Entfaltung der ethischen Vernunft in der Philosophie, in: Deutsches Institut für Fernstudien an der Universität Tübingen (Hg.): Funkkolleg Praktische Philosophie/Ethik, Studienbegleitbrief 2, Weinheim/Basel 1980, S. 11–43.

Arendt, Hannah: Das Urteilen. Texte zu Kants Politischer Philosophie, München 1998.

Aristoteles: Nikomachische Ethik. Auf der Grundlage der Übersetzung von Eugen Rolfes herausgegeben von Günther Bien, Hamburg 1972.

Ayer, Alfred J.: Language, Truth and Logic, London 1936, deutsch: Sprache, Wahrheit und Logik. Übersetzt von Herbert Herring, Stuttgart 1981.

Barley, Nigel: Traurige Insulaner. Als Ethnologe bei den Engländern. Aus dem Englischen von Elke Hosfeld, Stuttgart 1993.

Baruzzi, Arno: Philosophie der Lüge, Darmstadt 1996.

Bauman, Zygmunt: Gespräch über »Identität bedeutet immer: noch nicht«, in: Psychologie heute, 22. Jg. (1995), Heft 8, S. 54–58.

Beck, Ulrich: Die feindlose Demokratie, Stuttgart 1995.

Beck, Ulrich/Ziegler, Ulf Erdmann: Eigenes Leben. Ausflüge in die unbekannte Gesellschaft, in der wir leben, mit Fotos von Timm Rautert, München 1997.

Becke, Andreas: Hinduismus zur Einführung, Hamburg 1996.

Bellah, Robert N., u. a.: Habits of the Heart. Individualism and Commitments in American Life, The Regents of the University of California 1985, deutsch: Gewohnheiten des Herzens. Individualismus und Gemeinsinn in der amerikanischen Gesellschaft, Köln 1987.

Benhabib, Seyla: Selbst im Kontext. Kommunikative Ethik im Spannungsfeld von Feminismus, Kommunitarismus und Postmoderne, Frankfurt a. M. 1995.

Berger, Peter L.: Einladung zur Soziologie, München 1977.
Berger, Peter L./Luckmann, Thomas: Die gesellschaftliche Konstruktion der Wirklichkeit. Eine Theorie der Wissenssoziologie, Frankfurt a. M. 1980.
Biehl, Peter/Johannsen, Friedrich: Einführung in die Ethik. Ein religionspädagogisches Arbeitsbuch, Neukirchen-Vluyn 2003.
Bien, Günther: Gerechtigkeit bei Aristoteles, in: Otfried Höffe (Hg.): Aristoteles: Die Nikomachische Ethik, Berlin 1995a, S. 135–164.
Bien, Günther: Über das Glück, in: Information Philosophie, 23. Jg., Nr. 1 (1995b), S. 5–16.
Billmann-Mahecha, Elfriede/Horster, Detlef: Wie entwickelt sich moralisches Wollen? Eine empirische Annäherung, in: Detlef Horster/Jürgen Oelkers: Pädagogik und Ethik, Opladen 2004 (im Erscheinen).
Birnbacher, Dieter: Der Streit um die Lebensqualität, in: Joachim Schummer (Hg.): Glück und Ethik, Würzburg 1998, S. 125–145.
Bitala, Michael: Der Kibaki-Faktor, in: Süddeutsche Zeitung Nr. 6 vom 9. Januar 2003, S. 9.
Bittner, Rüdiger/Cramer, Konrad (Hg.): Materialien zu Kants »Kritik der praktischen Vernunft«, Frankfurt a. M. 1975.
Blackburn, Simon: Gut sein. Eine kurze Einführung in die Ethik. Aus dem Englischen von Andreas Hetzel, Darmstadt 2004.
Bloch, Ernst: Naturrecht und menschliche Würde (= Gesamtausgabe, Band 8), Frankfurt a. M. 1961.
Bloch, Ernst: Es spricht Ernst Bloch, Schallplatte des Suhrkamp-Verlags mit Textheft, Frankfurt a. M. 1970.
Böhme, Gernot: Ethik im Kontext. Über den Umgang mit ernsten Fragen, Frankfurt a. M. 1997.
Böhme, Hartmut: Gefühl, in: Christoph Wulf (Hg.): Vom Menschen. Handbuch Historische Anthropologie, Weinheim 1997, S. 525–549.
Brandt, Sigrid: Religiöses Handeln in moderner Welt. Talcott Parsons' Religionssoziologie im Rahmen seiner allgemeinen Handlungs- und Systemtheorie, Frankfurt a. M. 1993.
Brunner, Otto: Sozialgeschichte Europas im Mittelalter. 2. Aufl., Göttingen 1984.
Campbell, Joseph: Mythen der Menschheit. Aus dem Amerikanischen von Jürgen Saupe, München 1993.
Crüsemann, Frank: Bewahrung der Freiheit. Das Thema des Dekalogs in sozialgeschichtlicher Perspektive, Gütersloh 1993.

Dancy, Jonathan: Intuitionism, in: Peter Singer (ed.): A Companion to Ethics, Oxford u. a. 1993, S. 411–419.
Dornes, Martin: Der kompetente Säugling. Die präverbale Entwicklung des Menschen, Frankfurt a. M. 1993.
Dornes, Martin: Vom Triebbündel zum kompetenten Wesen. Die Psychoanalyse verändert ihr Bild vom Säugling, in: Frankfurter Rundschau, Nr. 250, vom 28. Oktober 1997, S. 10.
Dreier, Ralf: Recht – Moral – Ideologie. Studien zur Rechtstheorie, Frankfurt a. M. 1981.
Durkheim, Emile: Les formes élémentaires de la vie religieuse, Paris 1968, deutsch: Die elementaren Formen des religiösen Lebens, Frankfurt a. M. 1981.
Dworkin, Ronald: Taking Rights Seriously, Ithaka 1978, deutsch: Bürgerrechte ernstgenommen, Frankfurt a. M. 1984.
Dworkin, Ronald: Law's Empire, Cambridge (Mass.) 1986.
Enzensberger, Hans Magnus: Mittelmaß und Wahn. Gesammelte Zerstreuungen, Frankfurt a. M. 1991.
Erikson, Erik H.: Identity, Youth and Crisis, New York 1968.
Eschenbach, Wolfram von: Parzival. Aus dem Mittelhochdeutschen von Peter Knecht, mit einem Brief des Übersetzers an den Lektor, Frankfurt a. M. 1993.
Etzioni, Amitai: Über den Eigennutz hinaus, in: Josef Wieland (Hg.): Wirtschaftsethik und Theorie der Gesellschaft, Frankfurt a. M. 1993, S. 109–133.
Flasch, Kurt: Augustinus. Einführung in sein Denken, Stuttgart 1980.
Foot, Philippa: Die Wirklichkeit des Guten. Moralphilosophische Aufsätze, Frankfurt a. M. 1997.
Forst, Rainer: Kontexte der Gerechtigkeit. Politische Philosophie jenseits von Liberalismus und Kommunitarismus, Frankfurt a. M. 1994.
Frank, Robert H.: Strategie der Emotionen. Übersetzt von Ruth Zimmerling, München 1992.
Frankfurt, Harry G.: Willensfreiheit und der Begriff der Person, in: Peter Bieri (Hg.): Analytische Philosophie des Geistes, Königstein (Ts.) 1981, S. 287–302.
Garrard, Eve/McNaughton, David: Mapping Moral Motivation, Ethical Theory and Moral Practice. An International Forum, 1st set (1998), S. 45–59.
Giddens, Anthony: Man hat keine Wahl, außer zu wählen. Ein Ge-

spräch über die Zukunft der Moral und Politik in einer Gesellschaft, losgelöst von Natur und Tradition, in: DIE ZEIT, Nr. 17 vom 18. April 1997, S. 49 f.

Goetz, Hans-Werner: Leben im Mittelalter vom 7. bis zum 13. Jahrhundert, München 1986.

Gogarten, Friedrich: Die Krisis unserer Kultur, Vortrag gehalten am 1. Oktober 1920 auf der Wartburg, in: Christliche Welt, 34. Jg., Nr. 49 (1920), Sp. 770–777; Nr. 50, Sp. 786–791, in: Jürgen Moltmann (Hg.): Anfänge der dialektischen Theologie, Teil II, München 1967, S. 101–121.

Günther, Klaus: Der Sinn für Angemessenheit. Anwendungsdiskurse in Moral und Recht, Frankfurt a. M. 1988.

Habermas, Jürgen: Theorie und Praxis, 4., durchgesehene, erweiterte und neu eingeleitete Auflage, Frankfurt a. M. 1971.

Habermas, Jürgen: Erläuterungen zur Diskursethik, Frankfurt a. M. 1991.

Habermas, Jürgen: Faktizität und Geltung, Frankfurt a. M. 1992.

Habermas, Jürgen: Die Einbeziehung des Anderen. Studien zur politischen Theorie, Frankfur a. M. 1996.

Habermas, Jürgen: Die postnationale Konstellation. Politische Essays, Frankfurt a. M. 1998.

Habermas, Jürgen: Wahrheit und Rechtfertigung. Philosophische Aufsätze, Frankfurt a. M. 1999.

Heckhausen, Heinz: Motivation und Handeln, 2., völlig überarbeitete Auflage, Berlin 1989.

Hegel, G. W. F.: Werke in zwanzig Bänden. Herausgegeben von Eva Moldenhauer und Karl Markus Michel, Frankfurt a. M. 1969 ff.

Heine, Heinrich: Zur Geschichte der Religion und Philosophie in Deutschland, herausgegeben von Jürgen Ferner, Stuttgart 1997.

Herzog, Walter: Zeitgemäße Erziehung. Die Konstruktion pädagogischer Wirklichkeit, Weilerswist 2002.

Höffe, Otfried: Vernunft und Recht. Bausteine zu einem interkulturellen Rechtsdiskurs, Frankfurt a. M. 1996.

Hoerster, Norbert: Die moralische Pflicht zum Rechtsgehorsam, in: ders., Recht und Moral. Texte zur Rechtsphilosophie, Stuttgart 1987, S. 129–141.

Honneth, Axel: Moralische Entwicklung und sozialer Kampf. Sozialphilosophische Lehren aus Hegels Frühwerk, in: Axel Honneth/Thomas McCarthy/Claus Offe/Albrecht Wellmer (Hg.), Zwischen-

betrachtungen. Im Prozeß der Aufklärung, Frankfurt a. M. 1989, S. 549–573.
Hösle, Vittorio: Die Krise der Gegenwart und die Verantwortung der Philosophie. Transzendentalpragmatik, Letztbegründung, Ethik. 3., um ein Nachwort für diese Ausgabe erweiterte Auflage, München 1997a.
Hösle, Vittorio: Wir brauchen moralische Energie. Interview mit Vittorio Hösle, in: DER SPIEGEL, Nr. 46 (1997b), S. 247–252.
Hösle, Vittorio: Moral und Politik. Grundlagen einer politischen Ethik für das 21. Jahrhundert, München 1997c.
Hösle, Vittorio: Hegels System. Der Idealismus der Subjektivität und das Problem der Intersubjektivität, 2. Aufl., Hamburg 1998.
Horster, Detlef: Niklas Luhmann, München 1997.
Horster, Detlef: Rechtsphilosophie zur Einführung, Hamburg 2002.
Horster, Detlef: Gibt es richtige moralische Entscheidungen? – Eine Übersicht unter besonderer Berücksichtigung der gegenwärtigen Diskussion, in: Archiv für Rechts- und Sozialphilosophie (im Erscheinen).
Houellebecq, Michel: Elementarteilchen, Köln 1999.
Hruschka, Joachim: Die Konkurrenz von Goldener Regel und Prinzip der Verallgemeinerung in der juristischen Diskussion des 17./18. Jahrhunderts als geschichtliche Wurzel von Kants kategorischem Imperativ, in: Juristenzeitung, 42. Jg., Nr. 20 (1987), S. 941–952.
Hutcheson, Francis: Illustrations on the Moral Sense (1728), deutsch: Erläuterungen zum moralischen Sinn. Übersetzt und herausgegeben von Joachim Buhl, Stuttgart 1984.
Jakobs, Günther: Strafrecht, Allgemeiner Teil. Die Grundlagen und die Zurechnungslehre. Lehrbuch, 2., neubearbeitete und erweiterte Auflage, Berlin/New York 1991.
Kant, Immanuel: Gesammelte Schriften, begonnen von der Königlich Preußischen Akademie der Wissenschaften (zitiert als Akademie-Ausgabe = AA), Bände I–XXX, Berlin 1900 ff.
Kant, Immanuel: Werkausgabe. Herausgegeben von Wilhelm Weischedel, Frankfurt a. M. 1968 (wird aus dieser Ausgabe zitiert, dann sind die Paginierungen der Erstauflage = A oder der zweiten Auflage = B angegeben).
Keller, Monika: Moralische Sensibilität: Entwicklung in Freundschaft und Familie, Weinheim 1996.

Keller, Monika: Moralentwicklung und moralische Sozialisation, in: Detlef Horster/Jürgen Oelkers: Pädagogik und Ethik, Opladen 2004 (im Erscheinen).

Kersting, Wolfgang: Wohlgeordnete Freiheit. Immanuel Kants Rechts- und Sozialphilosophie, Berlin 1984; Neuauflage mit einer aktuellen Einleitung: Frankfurt a. M. 1993.

Kluxen, Wolfgang: Philosophische Ethik bei Thomas von Aquin, 2. Aufl., Hamburg 1980.

Küng, Hans: Projekt Weltethos, München 1992.

Lenk, Hans/Maring, Matthias (Hg.): Wirtschaft und Ethik, Stuttgart 1992.

Locke, John: Über die Regierung (The Second Treatise of Government). Übersetzt von Dorothee Tidow, mit einem Nachwort herausgegeben von Peter Cornelius Mayer-Tasch, Stuttgart 1974.

Luckmann, Thomas: Die unsichtbare Religion, Frankfurt a. M. 1991.

Lübbe, Hermann: Religion nach der Aufklärung, Graz/Wien/Köln 1986.

Luhmann, Niklas: Zweckbegriff und Systemrationalität. Über die Funktion von Zwecken in sozialen Systemen, Tübingen 1968; Neudruck: Frankfurt a. M. 1973.

Luhmann, Niklas: Soziologie der Moral, in: Niklas Luhmann/Stephan H. Pfürtner(Hg.), Theorietechnik und Moral, Frankfurt a. M. 1978, S. 8–116.

Luhmann, Niklas: Legitimation durch Verfahren, 3. Aufl., Frankfurt a. M. 1983.

Luhmann, Niklas: Soziale Systeme. Grundriß einer allgemeinen Theorie, Frankfurt a. M. 1984.

Luhmann, Niklas: Das Recht der Gesellschaft, Frankfurt a. M. 1993a.

Luhmann, Niklas: Gibt es in unserer Gesellschaft unverzichtbare Normen?, Heidelberg 1993b.

Luhmann, Niklas: Die Politik der Gesellschaft. Herausgegeben von André Kieserling, Frankfurt a. M. 2000.

Luhmann, Niklas/Spaemann, Robert: Paradigm Lost. Über die ethische Reflexion der Moral, Frankfurt a. M. 1990.

Luther, Martin: Werke, Kritische Gesamtausgabe, Band 11, Weimar 1900.

Mackie, John Leslie: Ethics. Inventing Right and Wrong, Harmondsworth 1977, deutsch: Ethik. Die Erfindung des moralisch Richtigen und Falschen. Aus dem Englischen übersetzt von Rudolf Ginters, Stuttgart 1981.

Macpherson, Crawford B.: The Political Theory of Possessive Individualism. Hobbes to Locke, Toronto 1962, deutsch: Die politische Theorie des Besitzindividualismus. Von Hobbes bis Locke. Übersetzt von Arno Wittekind, Frankfurt a. M. 1967.

McManners, John: Das Christentum im Zeitalter der Aufklärung, in: ders. (Hg.): The Oxford Illustrated History of Christianity, deutsch: Geschichte des Christentums, Frankfurt a. M./New York 1993, S. 285–319.

McNaughton, David: Moral Vision. An Introduction to Ethics, 10th ed. Cambridge (Mass.) 2001; deutsch: Moralisches Sehen. Eine Einführung in die Ethik. Aus dem Englischen übersetzt von Lars Schewe, Frankfurt a. M. u. a. 2003.

Mead, George Herbert: Gesammelte Aufsätze, 2 Bände. Herausgegeben von Hans Joas, Frankfurt a. M. 1987.

Menke, Christoph: Tragödie im Sittlichen. Gerechtigkeit und Freiheit nach Hegel, Frankfurt a. M. 1996.

Mensching, Günther: Thomas von Aquin, Frankfurt a. M. 1995.

Mommsen, Theodor: Die Grundrechte des deutschen Volkes, Leipzig 1849.

Murray, Henry A.: Explorations in personality, New York 1938.

Neiman, Susan: Das Böse denken. Eine andere Geschichte der Philosophie, Frankfurt a. M. 2004.

Nida-Rümelin, Julian: Subjektive Wünsche und objektives Wohlergehen, in: Christoph Hubig (Hg.): Cognitio humana – Dynamik des Wissens und der Werte, XVII. Deutscher Kongreß für Philosophie Leipzig, 23.–27. 9. 1996, Vorträge und Kolloquien, Berlin 1997, S. 134–141.

Nida-Rümelin, Julian: Strukturelle Rationalität. Ein philosophischer Essay über praktische Vernunft, Stuttgart 2001.

Nietzsche, Friedrich: Werke in drei Bänden. Herausgegeben von Karl Schlechta, 6. Aufl., München 1969.

Nozick, Robert: Vom richtigen, guten und glücklichen Leben, München/Wien 1991.

Nunner-Winkler, Gertrud: Zur moralischen Sozialisation, in: Kölner Zeitschrift für Soziologie und Sozialpsychologie, 44. Jg. (1992), S. 252–272.

Nunner-Winkler, Gertrud/Nikele, Marion: Moralische Differenz oder geteilte Werte? Empirische Befunde zur Gleichheits-/Differenz-Debatte, in: Bettina Heintz (Hg.), Geschlechtersoziologie, Wiesbaden 2001, S. 108–135.

Nunner-Winkler, Gertrud: Replik. Und es gibt sie doch – Vernunftmoral und ich-nahe Motive!, in: Erwägen-Wissen-Ethik, 14. Jg. (2003), Heft 4, S. 657–672.

Nunner-Winkler, Gertrud: Zum Verständnis von Moral – Entwicklungen in der Kindheit, in: Detlef Horster/Jürgen Oelkers: Pädagogik und Ethik, Opladen 2004 (im Erscheinen).

Oelkers, Jürgen: Pädagogische Ethik. Eine Einführung in Probleme, Paradoxien und Perspektiven, Weinheim/München 1992.

Oesterle, Kurt: Hans Krämer – Ein Porträt, in: Information Philosophie, 23. Jg., Nr. 4 (1995), S. 34–36.

Okin, Susan Moller: Von Kant zu Rawls: Vernunft und Gefühl in Vorstellungen von Gerechtigkeit, in: Herta Nagl-Docekal/Herlinde Pauer-Studer (Hg.): Jenseits der Geschlechtermoral, Frankfurt a. M. 1993, S. 305–334.

Orwell, George: Animal Farm, Harmondsworth 1951.

Pannenberg, Wolfhart: Christliche Wurzeln des Gedankens der Menschenwürde, in: Walter Kerber (Hg.): Menschenrechte und kulturelle Identität, München 1991, S. 61–116.

Parsons, Talcott: The Structure of Social Action. A Study in Social Theory with Special Reference to a Group of Recent European Writers (First Edition 1937), Fifth Printing, New York/London 1967.

Parsons, Talcott/Shils, Edward A. (Hg.): Toward a General Theory of Action, 6. Aufl., Cambridge (Mass.) 1967.

Patzig, Günther: Ethik ohne Metaphysik, Göttingen 1971.

Patzig, Günther: »Principium diiudicationis« und »Principium executionis«. Über transzendentalpragmatische Begründungsansätze für Verhaltensnormen, in: ders., Gesammelte Schriften, Band I, Göttingen 1994, S. 255–274.

Patzig, Günther: Moralische Motivation, in: Günther Patzig/Dieter Birnbacher/Walter Ch. Zimmerli: Die Rationalität der Moral, Bamberg 1996, S. 39–55.

Pauer-Studer, Herlinde: Moraltheorie und Geschlechterdifferenz. Feministische Ethik im Kontext aktueller Fragestellungen, in: Herta Nagl-Docekal/Herlinde Pauer-Studer (Hg.): Jenseits der Geschlechtermoral, Frankfurt a. M. 1993, S. 33–68.

Pauer-Studer, Herlinde: Das Andere der Gerechtigkeit. Moraltheorie im Kontext der Geschlechterdifferenz, Berlin 1996.

Pauer-Studer, Herlinde (Hg.): Konstruktionen praktischer Vernunft. Philosophie im Gespräch, Frankfurt a. M. 2000.

Pauer-Studer, Herlinde: Einführung in die Ethik, Wien 2003.
Pfeiffer, Gerd (Hg.): Karlsruher Kommentar zur Strafprozeßordnung und zum Gerichtsverfassungsgesetz mit Einführungsgesetz, 4., neubearbeitete Auflage, München 1999.
Pieper, Annemarie: Selber denken. Anstiftung zum Philosophieren, Leipzig 1997.
Platon: Sämtliche Dialoge. Übersetzt, eingeleitet und erläutert von Otto Apelt, anastatischer Nachdruck, Hamburg 1988.
Pogge, Thomas W.: Lebensstandards im Kontext der Gerechtigkeitslehre, in: Zeitschrift für philosophische Forschung, 51. Jg. (1997), S. 2–24.
Radbruch, Gustav: Rechtsphilosophie. Studienausgabe. Herausgegeben von Ralf Dreier und Stanley L. Paulson, Heidelberg 1999.
Reese-Schäfer, Walter: Kollektive Ekstasen, Wertvorstellungen und Menschenrechtsnormen, in: Soziologische Revue, 21. Jg. (1998), S. 281–288.
Rienecker, Fritz (Hg.): Lexikon zur Bibel, Wuppertal 1960.
Rippe, Klaus Peter/Schaber, Peter (Hg.): Tugendethik, Stuttgart 1998.
Rolfes, Eugen (Hg.): Die Philosophie des Thomas von Aquin, Hamburg 1970.
Ross, William David: Foundations of Ethics. The Gifford Lectures 1935–36, New York 2000.
Ross, William David: The Right and the Good [1930], new edition, ed. by Philip Stratton-Lake, New York 2002.
Roxin, Claus/Arzt, Gunther/Tiedemann, Klaus: Einführung in das Strafrecht und Strafprozeßrecht, 4., neubearbeitete Auflage, Heidelberg 2003.
Scanlon, Thomas M.: What We Owe to Each Other, Cambridge (Mass.) 1999.
Schaber, Peter: Gründe für eine objektive Theorie des menschlichen Wohls, in: Holmer Steinfath (Hg.): Was ist ein gutes Leben? Philosophische Reflexionen, Frankfurt a. M. 1998, S. 149–166.
Schaber, Peter: Moralische Urteile, in: Historisches Wörterbuch der Philosophie. Herausgegeben von Joachim Ritter, Karlfried Gründer und Gottfried Gabriel, Band 11, Basel 2001, Spalte 470–473.
Schaber, Peter: Die andere Moral der ethischen Subjektivisten, in: Peter Schaber, Rafael Hüntelmann (Hg.): Grundlagen der Ethik. Normativität und Objektivität, Frankfurt a. M. u. a. 2003, S. 9–24.

Schiefenhövel, Wulf: Geburten bei den Eipo, in: Wulf Schiefenhövel, Dorothea Sich (Hg.): Die Geburt aus ethnomedizinischer Sicht. Beiträge und Nachträge zur IV. Internationalen Fachkonferenz der Arbeitsgemeinschaft Ethnomedizin über traditionelle Geburtshilfe und Gynäkologie in Göttingen 8.–10. Dezember 1978, 2. Aufl., Braunschweig/Wiesbaden 1986, S. 41–56.

Schiller, Friedrich: Sämtliche Werke in fünf Bänden, herausgegeben von Gerhard Fricke und Herbert G. Göpfert in Verbindung mit Herbert Stubenrauch, München 1980.

Schmidt, Werner H.: Die Zehn Gebote im Rahmen alttestamentlicher Ethik, Darmstadt 1993.

Schönke, Adolf/Schröder, Horst: Strafgesetzbuch – Kommentar, 25., neubearbeitete Auflage, München 1997.

Schöpf, Alfred: Augustinus. Einführung in sein Philosophieren, Freiburg/München 1970.

Schummer, Joachim: Glück und Ethik. Neue Ansätze zur Rehabilitierung der Glücksphilosophie, in: ders. (Hg.): Glück und Ethik, Würzburg 1998, S. 7–22.

Seel, Martin: Versuch über die Form des Glücks. Studien zur Ethik, Frankfurt a. M. 1995.

Selman, Robert L.: Die Entwicklung des sozialen Verstehens. Entwicklungspsychologische und klinische Untersuchungen, Frankfurt a. M. 1984.

Sennett, Richard: Fleisch und Stein. Der Körper und die Stadt in der westlichen Zivilisation, Frankfurt a. M. 1997.

Sidgwick, Henry: Methods of Ethics, London ^{7}1907.

Simmer, Oskar/Stählin, Rudolf (Hg.): Christliche Religion, Frankfurt a. M. 1957.

Singer, Peter: Praktische Ethik, Stuttgart 1984.

Sousa, Ronald de: Die Rationalität des Gefühls, übersetzt von Helmut Pape unter Mitarbeit von Astrid Pape und Ilse Griem, Frankfurt a. M. 1997.

Stern, Daniel N.: Diary of a Baby, New York 1990, deutsch: Tagebuch eines Babys, München 1991.

Stern, Daniel N.: The Interpersonal World of the Infant, New York 1985, deutsch: Die Lebenserfahrung des Säuglings, 5. Aufl., Stuttgart 1996.

Stevenson, Charles L.: Die emotive Bedeutung ethischer Ausdrücke, in: Günther Grewendorf/Georg Meggle (Hg.), Seminar: Sprache

und Ethik: Zur Entwicklung der Metaethik, Frankfurt a. M. 1974, S. 116–139.
Stichweh, Rudolf: Niklas Luhmann, in: Dirk Kaessler (Hg.), Klassiker der Soziologie, Band 2, München 1999, S. 206–229.
Sturma, Dieter: Philosophie der Person. Die Selbstverhältnisse von Subjektivität und Moralität, Paderborn u. a. 1997.
Tarkian, Tatjana: Wahrheit in der Ethik, in: Peter Schaber/Rafael Hüntelmann (Hg.), Grundlagen der Ethik. Normativität und Objektivität, Frankfurt a. M. u. a. 2003, S. 89–107.
Tiedemann, Klaus: Das Strafprozeßrecht, in: Claus Roxin/Gunther Arzt/Klaus Tiedemann, Einführung in das Strafrecht und Strafprozeßrecht, 4., neubearbeitete Auflage, Heidelberg 2003, S. 117–188.
Troeltsch, Ernst: Soziale Wirkungen des Protestantismus, in: Friedrich Fürstenberg (Hg.): Religionssoziologie, Neuwied/Berlin 1964, S. 339–372.
Tugendhat, Ernst: Vorlesungen über Ethik, Frankfurt/M. 1993.
Tugendhat, Ernst: Dialog in Leticia, Frankfurt a. M. 1997.
Tugendhat, Ernst: Egozentrizität und Mystik. Eine anthropologische Studie, München 2003.
Wesel, Uwe: Fast alles, was Recht ist. Jura für Nicht-Juristen. Überarbeitete und aktualisierte Neuausgabe, 5. Aufl., Frankfurt a. M. 1996.
Wesel, Uwe: Geschichte des Rechts. Von den Frühformen bis zum Vertrag von Maastricht, München 1997.
Williams, Bernard: Sittlichkeit und Gefühl, in: ders., Probleme des Selbst. Philosophische Aufsätze 1956–1972, übersetzt von Joachim Schulte, Stuttgart 1978, S. 327–365.
Wingert, Lutz: Gemeinsinn und Moral. Grundzüge einer intersubjektivistischen Moralkonzeption, Frankfurt a. M. 1993.
Yerushalmi, Yosef Hayim: Ein Feld in Anatot. Versuche über jüdische Geschichte, Berlin 1993.
Ziehe, Thomas: Die Eigenwelten der Jugendlichen und die Anerkennungskrise der Schule, in: Detlef Horster/Jürgen Oelkers (Hg.): Pädagogik und Ethik, Opladen 2004 (im Erscheinen).
Zimmermann, Wilhelm: Der große deutsche Bauernkrieg, Berlin 1952.

Andreas Brenner

Jörg Zirfas

Lexikon der Lebenskunst

375 Seiten. RBL 20015. € 13,50

ISBN 3-379-20015-8

Die Philosophie der Lebenskunst erlebt eine Renaissance. Zur Debatte steht heute nicht mehr nur die klassische Frage der Ethik, was wir tun sollen, sondern die Frage, wie wir leben können. Das Buch stellt sich allen relevanten lebenspraktischen Problemfeldern, bietet philosophische Anleitung, übt uns in der Kunst aller Künste.
Aus dem Inhalt: Älter werden, Angst haben, Essen und Trinken, Ekel empfinden, Geduld haben, Glück haben, Grausam werden, Lust empfinden, Siechen und Sterben, Freiheit und Gemeinschaft und vieles mehr.

»Von diesem Buch kann man in vielen Lebenslagen profitieren – ohne dass es einem Heilsversprechen macht.«
Darmstädter Echo

»Das Werk ist äußerst lesenwert: Aufschlussreich und nützlich sind die Literaturhinweise. Das ›Lexikon der Lebenskunst‹ weckt die Lust zum Weiterlesen und Weiterdenken.«
AGORA, Das Philosophenmagazin

RECLAM
LEIPZIG